KB210345

생활명상

수행·명상

생활명상

김남선

민족사

시리즈를 펴내며

메마른 대지에서 꽃을 피우는 것은 물과 자양분과 정성이다. 내 영혼은 독서와 글쓰기, 그리고 깊은 사색과 명상을 통해 작은 꽃을 피운다.

불교는 인류의 역사와 함께하면서 갈 길 몰라 방황하는 이들에게 삶의 이정표를 심어 주었고, 외롭고 고독하며 아프고 슬픈 이들에게 마음의 안정과 평화를 심어 왔다. 삭막한 영혼에 물과 바람과 햇빛을 쐬어 주고 정성을 기울여 꽃을 피우게 했던 것이다.

이제 서양 사람들이 본격적으로 불교에 눈뜨기 시작했다. 서양의 지성들은 불교에서 새로운 자양분을 흠뻑 마시고 있다. 머지않아 불교가 전 지구적 가르침으로 고동칠 것임이 분명하다. 불교는 불교도만의 것이 아니라 이 시대의 모든 사람들의 것이다. 불교는 오늘날의 역사와 문화, 인류와 함께할 것이다.

이 시리즈에서는 분야별·주제별로 불교의 다양한 가르침을 전하고,

알기 쉬우면서도 깊이 있게 불교가 전하고자 하는 메시지를 담아내고자 한다. 그리고 구체적이면서 실용적인 지침을 주고자 한다.

이 작은 책을 간편하게 지니고 다니면서 지하철에서, 혹은 길을 가다가, 혹은 누구를 기다리면서 읽고 사색하며 영혼을 살찌울 수 있다면 얼마나 인생이 아름답고 값질 것인가? 얼마나 삶의 질이 다채롭고 깊어질 것인가?

사상과 문화의 물꼬를 터온 민족사에서 '내 영혼의 작은 책' 시리즈를 펴내면서 21세기 불교 교리와 수행, 문화와 의식 전반을 이 시대를 살아가는 사람들에게 제시하여 영혼을 살찌우려 한다.

그래서 그런 영혼의 힘이 고독과 허무, 아픔과 좌절, 정신적 빈곤과 경직된 사고를 뛰어넘어 시대와 역사, 사람과 인류, 자연과 세계에 소통하여 아름다운 한 떨기 꽃을 피우련다.

머리말

　산행을 하거나 길을 가다가 방향을 몰라 길을 물었는데 엉뚱한 방향을 가르쳐 주어 믿고 가다가 몇 번 낭패를 당한 적이 있다.

　얼마 전, 북한산 산행 중에도 그런 일이 생겨 참으로 난처했던 기억이 떠오른다. 이 일로 인해 '혹시 나는 그렇게 하지 않았는지' 다시 한번 돌아보게 되었다. 특히 마음공부 면에서 그런 짓을 하지 않았나! 다른 사람들의 갈 길에 훈수를 둔 것이 오히려 헤매게 하지는 않았나!

이 책을 내는 심정도 마찬가지다. 잘 알지도 못하면서 엉뚱한 방향을 알려 주는 꼴은 아닌지 조심스럽다. 하고자 하는 '추구'도 이루고자 하는 '목적'도 쫓지 않고 그저 몸과 마음에서 일어나는 현상을 알고 있는 그대로 보기만 하면 평상심이 자리잡는 것인데 부질없는 일이라는 생각이 들었다.

그러나 한 학기가 끝나면 학생들의 평가를 받아보기 위해서 수업 소감을 받곤 하는데, 중학교 학생들인데도 99% 이상의 학생들이 명상시간이 좋았다는 고백을 하고 있다. 이런 고백에 힘입어 다시 마음을 내게 되었다. 이제 공부를 시작하려는 이들에게 참고가 되었으면 한다.

제1장 24시간 생활명상은, 수행 정진할 때 생활 속에서 했던 내용을 소개한 것이다. 아직 행주좌와行住坐臥 어묵동정語默動靜을 있는 그대로 알아차리는 힘이 약해서 일상생활 속에서 힘을 키워가는 노력과정이다.

선업·불선업 따지지 않고 있는 그대로 보면 모든 것이 그대로 다 법이지만 이 장은 애써 선업 짓기를 기도하는 내용이기도 하다.

제2장 5분 명상 활동 사례는, 중학교 2학년 학생들을 대상으로 수업 시작 전에 했던 명상 내용과 아이들의 소감을 수록하였다. 부모님이 숙지하여 자녀들에게 직접 시연해 볼 수도 있는 내용이다. 중학생 이상이라면 읽으면서 스스로 해 볼 수도 있을 것이다.

제3장 마음 알고 치유하고 부리기 명상은, 마음을 써서 몸과 마음의 건강을 돌보는 내용이다. 여러 가지 명상 방안이 소개되어 있는데 스스로 해 보고 자신에게 가장 잘 맞는 방법을 선택하여 꾸준하게 해 보기를 권한다.

이 책의 명상 내용은 근본 마음자리에서 나온 것이라기보다 아직도 정리되지 않은 자의식을 가지고 노력한 것이기 때문에 한계를 가진 내용임을 알고 참고하기 바란다.

이 책과 인연 맺는 모든 이들이 깨달음을 증득하기를!

시비분별에서 벗어나 자유를 향유할 수 있기를!

2010년 9월

김남선 합장

제2장

5분 명상 활동 사례

제3장
마음 알고, 치유하고, 부리기 명상

제1장
24시간 생활 명상

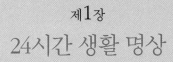

부처님의 하루 일과는 명상으로 이어져 있다. 그 발자취 흉내라도 내고자 생활과 명상을 하나로 하는 수행으로 이 방법 저 방법 활용하였다. 일상에 쫓겨 지속하지 못한 점이 많지만, 끈기 있고 정성이 지극한 분이 있어 이런 수행방법을 지속할 수 있다면 수행력이 향상되리라 믿는 마음으로 그야말로 일천한 경험이지만 소개함으로써 법공양을 올리고자 한다.

01

부처님은 장마철을 제외하고 8개월 동안 하루도 쉬지 않고 필요로 하는 모든 사람을 위해 다녔으며 일년 내내 쉬지 않고 법을 전했다.

부처님의 일상에 대한 명상

부처님의 하루 생활은 크게 다섯으로 구분된다.

(1) 오전 (2) 오후 (3) 초저녁 (4) 한밤중 (5) 새벽녘

(1) 오전(오전 6시~12시)

이른 아침, 혜안으로 도움을 필요로 하는 사람들을 쭉 둘러보아 알아본다.

부처님의 정신적 도움을 필요로 하는 사람이 있을 경우, 초청하지 않아도 직접 걸어서 찾아가서 그 사람을 올바른 길로 귀의시키고, 때로는 신통력으로 공중

17

을 이용하시기도 한다.

순수하고 덕이 있는 사람은 스스로 부처님을 찾아왔고, 타락하고 악한 자가 있을 경우엔 직접 찾아갔다.

불자로부터 공양초대가 없으면 임금도 그 앞에 엎드리는 부처님이었지만 제자들과 직접 발우를 들고 집집마다 탁발을 하였다. 팔십이 다 된 나이에도 불구하고 건강에 아랑곳없이 자신의 먹을 것을 얻기 위해 탁발을 다녔다.

부처님은 정오 전에 공양을 마쳤다. 끝난 직후에 매일 재가신자들에게 삼보에 귀의하고 오계를 지키도록 법을 간단히 설하셨으며, 승가에 귀의하고 싶은 자가 있으면 허락해 주고 난 다음에 처소로 다시 돌아가셨다.

(2) 오후(12시~오후 6시)

비구들이 법당에서 법문을 듣기 위해 모인다. 법문 후 각자 자신에게 맞는 수행법을 묻고 거기에 답하신다. 부처님께 예를 올리고 각자의 처소로 돌아가 수행으로 오후를 보낸다. 부처님께서는 처소로 돌아와 필요하면 오른쪽 옆구리를 대고 누워서 의식이 완전히 깨어있는 상태로 잠시 동안 휴식을 취한다.

그 후 대자비삼매大慈悲三昧에 들어가서 혜안으로 관찰하여 정신적 도움이 필요한 비구들, 잘못을 범한 자가 충고를 필요로 하면 신통력으로 그 곳에 가서 충고해 주고 처소로 되돌아오신다.

늦은 오후가 되면 재가신자들이 법문을 듣기 위해 모여든다. 불안佛眼으로 각자의 타고난 기질과 근기를 파악해서 약 한 시간 정도 법문을 해 준다. 부자와 가난한 자, 지위가 높고 낮은 자 모두 모였지만 부처님의 법문은 직접적으로 개인에게 특별히 와 닿게끔 생각이 들게 한다.

(3) 초저녁(오후 6시~ 밤 10시)

저녁에는 거의 비구들을 가르쳤는데 비구들은 자유롭게 부처님께 가서 법의 심오한 부분을 질문하여 의심나는 것을 풀고 자신에게 맞는 수행 대상을 받으면서 법의 가르침을 들었다.

(4) 한밤중(밤 10시~새벽 2시)

이 시간에는 보통 사람들의 눈에는 보이지 않는 천상에 있는 천신이나 범천이 내려와서 부처님께 법을 질문하였다.

(5) 새벽녘(새벽 2시~오전 6시)

새벽 2시부터 3시 사이에는 천천히 경행으로 육체적인 운동을 하셨다.

3시부터 4시 사이에는 오른편으로 누워서 의식이 깨어있는 상태로 잠을 잔다.

4시부터 5시 사이에는 열반에 들어 아라한의 기쁨을 누린다.

5시부터 6시 사이에는 대자비삼매에 들어 뭇 삶들의 괴로움을 보시고 자비스러운 마음을 보내어 그들의 마음을 온화하게 해 준다.

이때에는 전 세계를 불안佛眼으로 관하면서 어느 누구라도 도와줄 수 있는 사람을 찾는다. 이때 마음이 깨끗하거나 부처님의 도움이 필요한 사람은 비록 먼 거리에 있더라도 면전에 생생하게 나타난다. 부처님께서는 그들에 대한 자비심으로 직접 그들에게 가서 필요한 정신적인 도움을 아낌없이 베푸셨다.

부처님은 뭇 중생들과는 달리 밤에 1시간만 잠을 잤다. 그리고 새벽 두 시간 동안은 모든 존재들에게 행복이 깃들게 무한한 사랑Metta의 마음을 보낸다.

부처님께서는 스스로가 빈곤한 삶을 살아가면서도 어떠한 불편도 느끼지 않았고, 먹을 것은 스스로 탁발에 의지했었다. 장마철을 제외한 8개월 동안은 하루도 쉬지 않고 필요로 하는 모든 사람들을 위해 다녔으며, 일 년 동안 쉬지도 않고 성스러운 법을 가르쳤다.

이렇게 최고의 완전한 일체를 모두 아신 깨달음을 얻으신 분의 하루 생활은 여든 살이 다 되도록 오로지 모든 사람들의 번영과 행복을 위함이셨다.(출처: 보리수 선원 홈페이지 팝업창)

21

위빠사나 수행도량인 보리수 선원 홈페이지에 소개된 내용이다.

하루에 적어도 한 번 정도는 이 자료를 읽으며 부처님의 일상을 명상한다.

3배를 올리고 자세를 바로 하여 자료내용을 읽는다. 읽으면서 부처님의 하루 일상을 그려보며 마음에 새긴다.

부처님의 일상을 거울삼아 자신의 삶의 모습을 비춰 본다.

부처님의 발자취를 따르고자 하는 마음으로 이후부터는 일과 중 할 수 있는 생활 명상 경험을 소개한다.

02

잠들기 전에 하는 명상

초등학교 때부터 하루도 빠짐없이 일기를 쓰다가 박정희 정권 시절 집을 수색당한 후 자신에 관한 흔적을 다 불태우고 일기 쓰는 것도 멈추었다가 몇 년 전부터 잠자리 명상으로 일기 쓰는 일을 대신하고 있다. 자연히 이 명상은 현상으로 존재하는 개체가 자성부처님께 올리는 성찰 공양인 셈이다.

잠자리 준비를 하고 정해진 자리, 준비된 방석 위에 앉아 참선 자세로 몸과 마음을 고요히 하고 각 신체 부위의 긴장을 이완시킨다.

정수리, 이마, 눈 부분, 코, 양쪽 볼, 윗입술, 아랫입술, 턱, 다시 얼굴 전체, 목, 양쪽 어깨, 양쪽 팔뚝, 팔꿈치, 손목, 손등, 손바닥, 열 개의 손가락, 목에서 명치 사이의 몸통, 명치에서 배꼽까지의 몸통, 아랫배, 엉덩이, 양쪽 허벅지, 무릎, 양쪽 장딴지, 발목, 발뒤꿈치, 발등, 발바닥, 열 개의 발가락.

이렇게 머리끝에서 발끝까지 눈으로 보듯 자신의 몸 부위를 마음의 눈으로 바라보며 긴장을 푼다. 또 역으로 한번 훑어보면서 긴장 여부를 확인하고 긴장을 이완시킨다.

그리고 배에 의식을 집중하고 숨을 들이쉬면서 배가 일어남을 알고, 내쉬면서 배가 꺼짐을 알아차리면서 10번 정도 호흡을 하며 숨결을 정돈하고 부처님께 직접 말씀을 올리듯 스스로에게 자신이 무엇을 할 것인가를 알린다.

"지금부터 하루의 일과를 살펴며 내일을 건강하게 열기 위한 성찰명상을 시작합니다. 각성의 자양분을 마련하는 시간으로 삼고자 합니다."

이렇게 마음이 일할 방향을 지향하고 아침에 일어나서부터 잠들 때까지의 생활상을 시간대별로, 또는 오전 오후로 나누어 영화보듯이 바라보며 마음상태를 살핀다.

기쁜 마음이 일어나는지 반대되는 마음이 일어나는지, 또는 무덤덤한 마음인지 살핀다. 기쁜 마음은 어디서 오며 또 기쁘지 않은 마음은 어디서 오는지도 살펴 그 날 일어난 일은 그 날 정리함으로써 오늘 일어난 감정을 내일로 미루지 않도록 한다. 내일을 빈 마음으로 오로지 맞이하도록 정리명상을 한다. 내일이 없는 듯 오늘을 마무리한다고도 할 수 있다.

잠을 자려 할 때는 자고자 하는 마음을 알아차린다.

"잠을 자고 싶어하는 마음이 일어나는구나!"

그것을 알고 잠자리에 누우려는 의도와 누우려고 움직이는 움직임을 알고, 등이 요에 닿으면 닿는 것을 알고 요와 등의 닿음으로 인한 느낌도 알고, 그 느낌이 좋은지 싫은지도 알고 누워서는 다시 온몸에 힘을 빼고 긴장을 이완시켜 호흡에 집중한다.

숨이 들어오면 배가 일어나고 숨이 나가면 배가 꺼지는 것을 바라보며 또 스스로에게 고한다.

"보람찬 내일을 열기 위하여 수면명상에 들겠습니다. 수면명상을 통해 마음의 고요를 가꾸겠습니다."

잠이 완전히 들 때까지 얼굴에 미소를 머금고 정수리를 바라보며 정수리에 미소를 보내고, 이마를 보면서 이마에 미소를 보내고, 눈 부분을 느끼면서 눈 부분에 미소를 보내고, 코 부분을 바라보면서 코 부분의 세포에 미소를 보내고, 양쪽 볼을 바라보며 그 부위에 미소를 보낸다.

이렇게 윗입술, 아랫입술, 턱, 다시 얼굴 전체, 목, 양쪽 어깨, 양쪽 팔뚝, 팔꿈치, 손목, 손등, 손바닥, 열 개의 손가락, 목에서 명치 사이의 몸통, 명치에서 배꼽까지의 몸통, 아랫배, 엉덩이, 양쪽 허벅지, 무릎, 양쪽 장딴지, 발목, 발뒤꿈치, 발등, 발바닥, 열 개의 발가락 순으로 차례차례 미소를 보낸다.

그래도 잠이 오지 않으면 역순으로 미소를 보내며 잠이 들 때까지 계속 미소보내기 명상을 한다.

이 명상을 하면서 일어나는 생각이나 느낌, 걱정, 불안, 근심 등이 없는지도 살핀다.

근심이 있거나 불안하면 아픈 아기를 바라보듯이 긴장을 이완하고 마음의 변화를 주시한다. 그리고 몸에서 일어나는 감각도 살핀다. 감각이 거칠면 그 감각의 변화를 살피고 다시 미소보내기 명상을 한다.

03

자녀나 청소년에게
안내하는 수면 명상

초등학교 자녀를 둔 경우, 자녀를 편안하게 잠자리에 눕게 하고 부모님이 안내 글을 읽어 주며 명상에 들게 한다. 미리 신체해부도를 보여 주며 몸의 구조를 익히고 명상을 안내하면 더욱 효과적이다.

부모님이 먼저 시도를 해서 명상에 대한 경험을 하고, 이 명상에 긍정적인 느낌을 가지고 안내를 하면 더욱 좋을 것이다. 물론 성인인 경우에 수면명상으로 활용해도 된다.

중고등학생인 경우는 이 글을 읽고 혼자 따라해도

된다. 그리고 어린아이인 경우는 엄마가 아래에서 이야기하는 신체 부위를 따뜻한 손바닥으로 감싸고 만져 주면서 안내 명상을 해 본다.

얼굴을 천정으로 향하고 두 손은 옆구리 옆에 가볍게 붙입니다.

눈을 감고 온몸에 힘을 뺍니다. 긴장을 풉니다.

그리고 현재 자신의 모습이 자기를 꼭 닮은 누워 있는 눈사람이라고 상상해 보세요.

지금부터 눈사람이 된 자신의 신체 부위를 마음의 눈으로 바라보며 해당 부위에 따뜻한 물이 스며들어 몸이 점차 사라져 허공이 되는지 바라보세요.

잘 안 되면 그냥 힘만 들어가지 않게 해당 부위를 마음의 눈으로 바라보며 몸의 감각이나 마음에 싫고 좋은 마음이 일어나는지 지루한 마음이 일어나는지 알아차리세요.

싫은 마음이 일어나면 싫은 마음이 일어나는구나

하고 알아차리세요.

기분이 좋으면 좋아하는 마음이 일어나는구나 하고 알아차리세요. 또 지루하면 지루한 마음이 일어나는 구나 하고 알아차리세요.

그리고 신체 부분에 어떤 느낌이 오는지도 잘 느껴 보세요. 가려운지, 시원한지, 따뜻한지, 아니면 다른 느낌이 있는지도 알아차리세요.

그러면 지금부터 안내를 시작합니다.

정수리를 바라보세요. 그 부분에 따뜻한 물이 스며 들면서 눈사람이 된 자신의 정수리 부분이 어떻게 되 는지 보세요. 어떤 느낌이 있는지도 보세요. 지금부터 말하는 부위를 이같이 살펴보세요.

이마, 눈, 양쪽 볼, 코, 귀.

이번에는 머리 전체가 녹아 허공이 되는 것을 바라 보세요, 느낌이 있는지도 살펴보세요.

계속 목을 바라보시고 어깨를 바라보세요.

다음에 두 팔뚝, 팔꿈치, 팔목, 손목, 손등, 손바닥, 손가락 10개를 바라보세요.

목에서 명치까지의 몸통을 바라보세요.

명치에서 배꼽까지 사이의 몸통을 바라보세요.

따뜻한 물이 스며들면서 몸통이 사라지나요? 긴장이 풀어지나요? 잘 안 되도 괜찮습니다. 그냥 힘만 빼고 해당 몸 부위를 계속 느껴 보세요.

아랫배, 엉덩이, 양쪽 허벅지, 양쪽 무릎, 양쪽 장딴지, 양쪽 발목, 발뒤꿈치, 발등, 발바닥, 발가락 10개를 바라보세요.

그리고 다시 온몸 전체를 전후좌우 상하에서 한꺼번에 바라보세요. 그렇게 빈 몸같이 긴장이 풀린 상태에서 마음속으로 안내에 따라서 축복의 마음을 보내 보세요.

자신이 가장 행복했던 때의 모습을 떠올려 보세요. 그 행복감을 느껴 보세요.

저절로 안 되면 의도적으로 얼굴에 미소를 머금고 행복한 마음으로 자신을 먼저 축복해 보세요.

"나 자신이 행복하길! 나 자신이 건강하길! 나 자신이 지혜롭길! 나 자신이 평안하길!"

여기서 나 자신은 몸과 마음상태를 말하겠지요. 이제 엄마 아빠 및 가족을 한꺼번에 떠올려 보세요.

미소 지은 얼굴로 가족을 축복하세요. 부처님이 되고 하느님이 되어 축복해 보세요.

"가족들이 건강하기를! 가족들이 행복하기를!"

특별하게 더 축복하고 싶은 일이 있으면 축복의 마음을 전하세요.

이번에는 일가친척들을 떠올려 보세요. 어떤 사람의 얼굴이 떠오르는지요. 한 분 한 분 친척 이름을 부르며 축복해 보세요.

"사촌 형이 시험의 고통에서 벗어나서 행복하기를!"

"삼촌이 취직난의 고통에서 벗어나서 평안하기를!"

이렇게 한 분 한 분의 상태를 살펴 축복을 해도 좋
고 특별한 말이 생각나지 않으면 "건강하세요" 또는
"행복하세요"라고 축복해도 좋습니다.

이번에는 친구들을 떠올려 보세요. 주로 고마운 친
구, 사랑하는 친구를 떠올려 보세요.

한 사람 한 사람 이름을 부르며 그들을 향해 축복의
마음을 전하세요.

"미숙이가 건강하기를! 미숙이가 행복하기를!"

다음에는 우리나라 지도를 떠올려 보세요. 그리고
그 안에 사는 존재들을 마음에 그려보며 축복의 마음
을 보내세요.

"이 땅의 살아 있는 모든 존재들이 건강하기를!"

"이 땅의 살아 있는 모든 존재들이 행복하기를!"

다음에는 지구본을 떠올리고 지구에 사는 사람, 식물, 동물 등 살아있는 모든 존재들을 축복해 보세요.

"지구에 있는 모든 존재들이 건강하기를!"
"지구에 있는 모든 존재들이 행복하기를!"

지구를 벗어나서 하늘에 있는 수많은 별들, 우리가 알지 못하는 은하계를 포함한 우주에 있는 모든 존재들을 향해 축복의 마음을 내세요.

"우주에 있는 모든 존재들이 건강하기를!"
"우주에 있는 모든 존재들이 행복하기를!"

이제 혼자서 고마운 사람, 사랑하는 사람의 얼굴을 떠올리며 축복명상을 해 보세요.

04

닫혀진 대문을 열 듯이 마음을 열고 하루 일상을 펼친다.

아침에 일어나서 하는 명상

아침에 깨어나면 깨어남을 알고 우선 자신의 몸을 느껴 본다.

등에 요가 닿아 있는 느낌과 팔이 바닥이나 배 위에 닿아 있는 느낌을 알고 마음상태도 점검한다.

얼굴에 미소를 머금고 "오늘, 새 날을 열겠다"고 마음을 내면서 두 팔을 쭉 뻗어 올려 기지개를 켠다.

팔을 들기 전에 들려고 하는 의도를 알고 팔을 들고 또 팔을 움직이는 것을 놓치지 않고 깨어 알아차리면서 움직인다.

마하시 선사의 가르침에 의하면 잠에서 깨어나서 알아차리기를 다음과 같이 안내하고 있다.

침상으로부터 일어나려 할 때에는 먼저 "일어나려 함, 일어나려 함"이라고 알아차려야 한다. 그 뒤에 팔다리의 움직임을 알아차린다. 머리를 들고 일어날 때에는, "올라감, 올라감"이라고 알아차린다. 자리에 앉을 때에는 "앉음, 앉음"이라고 알아차린다. 팔다리를 놓기 위해 움직일 때에는 이러한 모든 움직임을 알아차려야 한다. 아무런 움직임이 없이 완전히 고요한 상태가 되면, 복부의 일어남과 꺼짐을 알아차리는 것으로 되돌아가야 한다.(한국위빠사나 선원 카페, 마하시 총서1 소개글에서)

이렇게 마음챙김을 하여 자리에 앉아서는 잠들기 전에 몸을 정돈한 것처럼 온몸에 긴장을 풀고 호흡을 정돈한다.

호흡은 숨을 들이쉬면서 배가 불러옴을 보고 숨을 내쉬면서 배가 꺼짐을 알아차리거나, 코 끝과 입술 사이 부분에 숨결이 들어가고 나감을 알아차린다.

그리고 닫혀진 대문을 열 듯이 마음을 활짝 열고 스스로에게 고한다.

"오늘의 일상을 보람되게 펼치겠습니다."

이렇게 무엇을 하고자 하는지 마음의 지향점을 정하고 예상되는 하루의 일과를 리허설을 보듯이 살펴본다.

잠자리에서 일어나는 모습, 아침 명상, 아침 예불, 샤워하고, 세수하고, 아침밥하고, 설거지하고, 상 차리고, 밥 먹고, 청소하고, 시장보고, 출근하고, 직장에서의 생활면, 퇴근 후의 활동……

이러한 하루 일과를 염두에 두고 마음을 내면서 정리한다.

"오늘의 일상에서 전개되는 '행주좌와 어묵동정' 모든 움직임이 자비와 지혜의 양식이 되게 하겠습니다."

시간이 허락되면 자기 자신에게 자애심의 공양을 올리는 시간을 갖는다.

자신이 가장 행복했던 때의 모습을 떠올리며 그 감정을 그대로 느껴 얼굴에 미소를 머금고 자기 자신에게 자애의 마음을 보낸다.

"내가 안락하고 행복하고 평화롭기를 기원합니다.

내가 안락하고 행복하고 평화롭기를 기원하는 것처럼, 모든 존재들이 안락하고 행복하고 평화롭기를 기원합니다.

내가 악의에서 벗어나기를 기원합니다.

내가 악의에서 벗어나기를 기원하는 것처럼, 모든 존재들이 악의에서 벗어나기를 기원합니다.

내가 정신적 육체적인 괴로움에서 벗어나기를 기원합니다.

내가 정신적 육체적인 괴로움에서 벗어나기를 기원하는 것처럼, 모든 존재들이 정신적 육체적인 괴로움에서 벗어나기를 기원합니다.

내가 평화롭고 행복하게 살기를 기원합니다.
내가 평화롭고 행복하게 살기를 기원하는 것처럼, 모든 존재들이 평화롭고 행복하게 살기를 기원합니다."〈세 번〉(자애명상의 이론과 실제, 김재성 역-위빠사나 수행 가이드 자료 참조)

05

세수 및 샤워 명상

세수하고자 하는 마음을 알아채고 또 일어나려는 의도를 알아차린다.

일어나서 화장실로 향한다. 문고리를 잡으려는 의도를 알아차리고 문고리를 잡는다.

화장실 문을 열려는 의도를 알아차리고 화장실 문을 열고 화장실에 들어간다. 먼저 거울 앞에 서기까지 문고리를 잡고서 이 느낌 문고리를 돌리고 열고 하는 모든 과정을 알아차린다.

거울 앞에 서서는 얼굴에 미소를 머금고 자기에게

말을 건다.

"건강해서 감사합니다. 오늘 하루도 건강한 하루,
행복한 하루가 되기를!"

옷을 벗으려는 의도를 알아차리고, 옷을 벗고 공기
가 맨살에 부딪치는 감촉과 느낌을 알아차린다.

샤워기로 가려는 마음을 알아차리고, 샤워기로 가
서 수도꼭지를 잡는다.

수도꼭지의 감촉을 알아차리고, 감촉에 대한 느낌
을 살핀다.

수돗물을 틀려는 의도를 알아차리고, 수돗물을 틀
어 손을 뻗어 물의 온도를 감지하려는 의도를 알아차
리고, 손을 뻗어 물의 온도를 확인하고 감촉과 느낌을
알아차린다.

물 아래 서려는 의도를 알아차리고, 물 아래로 가서
물을 맞는다.

물이 몸에 부딪치는 감촉과 느낌을 알아차린다.

샤워기 물을 잠그려는 의도를 알아차리고, 물을 잠그고 비누질을 하려는 의도를 알아차리고, 비누를 집으려는 움직임과 비누를 잡았을 때의 감촉을 알아차리고, 목욕 수건에 비누를 묻히려는 의도를 알아차리고, 목욕 수건에 비누질을 하는 움직임을 알아차린다.

비누질 할 때의 감촉과 느낌을 놓치지 말고 깨어서 한마음 내면서 비누질을 한다.

"몸의 먼지와 때를 씻어내듯 몸과 말과 생각으로 인한 모든 업장이 소멸되기를!"

비누질을 할 때도 스스로가 스스로의 관세음보살이 되어 깨어서 정성껏 비누질을 한다.

엄마가 아기 몸에 비누질을 하여 먼지와 불순물을 닦아내듯이 사랑의 마음을 가지고 관세음보살님의 손이 자신의 몸에 비누질을 한다는 믿음을 가지고 비누질을 한다.

생활명상

다시 샤워기의 물을 틀려는 의도를 알아차리면서 사워기를 틀어 물을 맞는다.

물에 비눗물을 씻어 낼 때도 머리위에서 떨어지는 물을 관세음보살이 흘려주는 감로수로 여기고 관세음보살이 몸을 가진 개체인 나를 위해 축복하는 마음으로 비눗물을 씻어 내린다.

"비눗물이 물에 씻겨 내려가듯 모든 업장이 녹아 소멸되기를……."

이때 가족이나 항상 염려하는 사람이 있으면 자신이 그들의 몸과 마음이 되어 진심으로 축원한다.

"(가족이나 친지의 괴로움이나 병고가) 이같이 씻겨져 깨끗해지기를! 건강해지기를!"

"(머리를 감을 때는) 이 머릿속에 있는 번뇌가 소멸되기를!"

"(목을 씻어 내릴 때는) 힘주고 살아온 모든 거만함과 오만함이 소멸되기를!"

"(양쪽 어깨를 문지를 때는) 모든 부담감으로 인한 업장이 소멸되기를!"

"(양쪽 팔을 문지를 때는) 내 손으로 지은 모든 업장이 소멸되기를!"

"(가슴을 문지를 때는) 감정을 잘 다스리지 못해 지은 모든 업장이 소멸되기를!"

"(배를 문지를 때는) 스트레스를 받아 지은 모든 업장이 소멸되기를!"

"(두 다리를 문지를 때는) 두 다리를 잘못 옮겨 지은 모든 업장이 소멸되기를! 이 두 다리가 가는 곳마다 평화가 깃들기를!"

샤워를 끝내려면 끝내려는 의도를 알아차리고 샤워기를 잠그기까지의 일체의 과정을 알아차린다.

수건으로 몸을 닦으려는 의도와 수건을 집으려는

생활명상

의도를 알아차리고, 수건을 잡기 위해 움직이는 몸 동작의 변화와 순간순간의 의도와 감각과 느낌을 알아차리면서 수건을 잡는다.

몸을 닦으려는 의도를 알아차리면서 몸을 닦고, 손의 움직임과 수건이 몸 부위에 닿는 감촉과 느낌을 놓치지 않고 깨어서 몸을 닦는다.

다시 수건을 제자리에 두려는 의도를 알아차리고, 손수건을 걸어 놓고 옷을 입으려는 의도를 알아차리고 옷을 입는다.

입을 때 신체의 움직임과 감촉과 느낌도 놓치지 않는다. 다시 거울 앞에 서서 미소를 띠면서 자기 자신에게 말을 건다.

"참 좋습니다. 아름다운 일상, 행복한 일상이길!"

알아차리고 있는 느낌을 불보살의 시선으로 봐도 좋다.

45

06

절을 하는 자가 절을 받는 자가 되고, 불법승 삼보의 합체의
존재로 자신의 실체를 느낀다.

절 명상

하루를 여는 명상을 하고 절 수행 준비를 한다. 먼
저 절 명상을 하기 전에 절을 하려는 의도를 알아차리
고 지향하는 바를 고하고 시작한다.

"오늘 절 수행을 통해 지극한 참회로 업장이 소멸되
고 자비와 지혜가 더욱 자라나게 되어, 대지문수보살
지혜를 갖추고, 지혜의 행을 펼쳐나가는 보현보살로,
대비를 실천하는 관세음보살로, 중생구제의 행 잠시
도 쉬지 않는 지장보살의 화신으로 살고자 합니다. 시

방삼세 제불보살님의 가피를 빕니다."

행동의 변화 과정을 깨어서 알아차리는데, 점이 모여 선이 되듯이 빗방울이 모여 빗줄기가 되듯이 영화의 슬로모션Slow motion이 재연되듯이, 매순간의 의도가 작용하면서 몸이 움직이고 움직임이 변할 때마다 달라지는 감각을 알아차리고, 그 감각에 따른 느낌과 쉼없이 일어나고 사라지는 몸과 마음의 현상을 놓치지 않고 알아차린다.

절을 하려는 의도를 알아차리고, 절을 하기 위해서 손을 모으려 하는 의도를 알아차린다. 손을 움직이고 움직임이 일어나는 순간순간 의도가 작용하는 것을 본다. 몸 동작의 변화에 따른 감각과 느낌도 놓치지 않으면서 손을 모으고 모은 두 손을 가슴에 붙이려는 의도를 알아차리고, 합장한 손을 가슴에 붙이고 몸을 숙이려는 의도를 알아차리고, 머리를 숙이고 다시 고개를 숙이려는 의도를 확인하고 목을 구부리고 더 깊이 숙이는 전 과정을 깨어서 바라본다.

척추 마디 하나하나가 움직이면서 허리가 굽어지고 그 전에 굽히는 의도를 알아차리고, 행동 즉 움직임을 알아채고, 움직임의 감각이 있을 때마다 느낌을 직시한다.

무릎을 꿇으려는 의도를 알아차리고, 무릎을 꿇는 전 과정의 움직임의 변화 그 사이 사이 지속적으로 작용하는 의도와 무릎이 땅에 닿는 감촉과 느낌을 알아차리고, 두 손을 땅에 짚으려는 의도를 알아차리면서 몸이 앞으로 쏠리면서 두 손을 땅에 짚기까지의 움직임의 변화가 일어날 때마다 의도가 일어남을 보고 움직임과 감각과 느낌과 생각을 알아차린다.

손이 땅에 닿는 감촉과 느낌을 알아차리고, 두 손바닥과 팔꿈치까지의 팔을 땅에 닿게 하고자 하는 의도와 움직임의 변화 사이의 의도와 움직이는 감각과 느낌을 알아차리며, 두 팔이 땅에 닿는 감촉과 느낌을 알아차리고, 얼굴을 땅에 닿게 하려는 의도를 알아차리고, 얼굴을 땅에 대기 위한 전 과정의 움직임을 알아차리고, 매 순간순간의 의도와 움직임에 따른 감각과 느낌을 알아차리면서, 이마를 땅에 대고 이마와 바닥의 감촉과 느낌을 알아차리고, 고개를 들려는 의도를 알아차리고, 고개를 드는 움직임이 일어나고, 움직임이 있을 때마다 그 움직임을 있게 하는 의도와 움직임의 변함에 따라 느껴지는 감촉과 느낌을 알아차리면서, 고개를 들고 팔을 뻗어 앉으려는 의도를 알아차리고, 팔을 완전히 뻗을 때까지의 의도와 신체의 움직임과 감촉과 느낌을 알아차리고, 몸을 일으켜 두 다리 위에 엉덩이를 얹고 앉으려는 의도를 알아차리고, 몸을 두 발 위에 바로 세우기까지의 전 과정에서 일어나는 순간순간의 의도와 움직임에 따른 감촉과 느낌을 알아차리고, 다시 두 손을 합장하려는 의도를 알아차리고, 가슴에 손이 모아지기까지의 전 과정의 의도와 움직임과 움직임의 변화에 따른 감촉과 느낌을 알아차린다.

그리고 일어서려는 의도를 알아차리고, 일어서는

전 과정에서 일어나는 움직임에 의한 변화에 따라 달라지는 감촉과 느낌을 알아차린다.

이렇게 깨어서 몸과 마음에서 일어나는 일체의 변화를 알면서 절을 하면 몸과 마음의 움직임이 슬로비디오Slow video를 보듯이 느껴지면서 세세한 부분까지 알아차리는 민감성이 키워진다.

알아차림이 이어지면서 부처님께 귀의하는 진심을 내면 시방의 불보살님도 맞절을 하는 듯한 느낌이 일어날 때도 있다. 물론 그러한 느낌도 그냥 알아차림의 대상임을 잊지 않는다.

부처님의 가르침에 귀의하겠다는 신심을 내면 모든 일체 현상이 가르침으로 다가오는 듯하고, 지극한 마음으로 승가에 귀의하는 예를 올리면 시방삼세 제망찰해로 얽혀 존재하는 모든 것이 한마음의 한 가족으로 다가오는 듯할 때도 있다.

절을 하는 자가 절을 받는 자 되고, 불법승 삼보의 합체의 존재로 자신의 실체를 느낄 때도 있다.

07

직접 불보살되어 마음을 내고 실상을 있는 그대로 본다.

밥할 때 하는 명상

밥을 하기 전에 마음이 일할 방향을 알린다.

"오늘 가족들에게 올리는 이 공양으로 가족이 더욱 건강하고 지혜로워 자신과 세상의 양식이 되는 일상을 경영하게 되길!"

쌀을 푸려는 의도를 알아차리고, 쌀을 푸는 전 과정에서 일어나는 의도와 움직임과 감각과 느낌을 알아차린다.

51

이때도 알아차림의 작용을 불보살님의 시선으로 본
다.

쌀을 씻으려는 의도를 알아차리고, 수도꼭지를 틀
기 위해 손을 뻗으려는 의도와 그 의도에 따라 손을
뻗어 수도꼭지에 닿고 수도꼭지와 손이 닿는 촉감과
그 촉감과 함께 일어나는 싫고 좋고 또는 무덤덤한 느
낌 등 일체의 의도와 움직임을 알아차리고 또 한마음
낸다.

"수돗물이 이렇게 거침없이 나오듯이 가족들의 삶
이 맑고 밝은 지혜와 사랑으로 흘러넘치기를!"

쌀을 씻는 전 과정에서도 손을 움직이면서 쌀과 물
과의 마찰에서 일어나는 일체의 의도와 감각과 느낌
을 알아차리면서 한마음 낸다.

"쌀에서 구정물이 씻겨져 나가듯이 가족이 지은 모

든 업장이 소멸되기를!"

쌀을 씻어 솥에 넣는 과정과 밥을 앉히고 취사불을 켜기까지의 과정을 깨어 알며 밥 앉히기를 마치면서 또 한마음 낸다.

"밥이 익어가듯이 수행이 익어 이 존재 자체가 가족의 양식, 세상의 양식이 되기를!"

국을 끓일 때도 재료를 다듬고 씻고 국거리를 장만하는 전 과정을 깨어 알아차린다. 그리고 재료를 다듬으면서 한마음을 내기도 한다. 식재료가 식단에 오기까지 과정을 떠올려 보면서 자비의 마음을 보낸다.

"이 식재료가 오기까지 수고하신 모든 이들이 건강하고 행복하길!"
"이 음식을 먹는 이들이 이들의 수고를 되살리는 삶

53

을 살 수 있기를!"

"(재료를 씻으면서도 그 재료를 식구들의 몸이라 생각하고) 우리 딸이 과거에 지은 업장 미래에 지을 모든 업장이 소멸되기를!"

"(또 다른 재료를 씻을 때는) 아들의 모든 업장이 소멸되기를!"

"가족의 업장이 소멸되기를!"

국거리를 앉히고 다른 일로 향하기 전에도 마음을 낸다.

"이 국이 가족의 건강을 위한 보약이 되기를!"

이렇게 마음을 낼 때 마음상태도 놓치지 않는다.

진심이 담기지 않는 말일 때는 뭔가 허전하거나 무덤덤한 느낌으로 다가올 수 있다. 그 때는 그 마음을 놓치지 않고 바라보며 마음의 변화를 알아차리며 그 감정이 소멸할 때까지 바라본다.

마음을 낼 때는 진심이 담기도록 순수한 마음으로 정성을 다하는 자세가 필요하다.

마음이 평화롭지 못할 때는 스스로에게 질문을 던진다. 이 마음의 상태는 무엇을 알아차리라는 메시지인가? 이 질문을 화두로 삼아 집중함으로써 마음이 마음을 통해 일러주는 바를 알아차린다.

상을 차릴 때도 냉장고 문을 열고 반찬을 꺼내고 반찬 뚜껑을 열고 반찬을 진열하는 전 과정을 통해 몸과 마음의 움직임에 따른 감각과 느낌들의 변화를 놓치지 않고 알아차린다.

밥을 푸기 위해 밥솥을 열려고 할 때의 마음상태를 점검하고 밥솥을 열고자 하는 의도와 손이 움직이는 감각과 손이 밥솥에 닿는 촉감과 느낌을 알아차리고, 밥솥을 열려는 의도를 알아차리고, 그 의도에 따라 팔이 움직여 버튼button을 누르고 밥솥이 열리면서 나오는 김을 보는 시각과 느낌이나 밥을 보는 시각과 느낌, 밥솥에서 나오는 냄새에 대한 느낌과 일어나는 생각들을 알아차리고, 밥을 푸기 위해 주걱과 밥공기를 들고 밥을 푸기까지의 전 과정에서 일어나는 의도, 감각, 느낌, 팔의 움직임, 떠오르는 생각들을 빠짐없이 알아차린다. 밥을 퍼서 그릇에 담을 때도 그 밥을 먹을 사람을 생각하면서 한마음 낸다.

"이 공양이 남편의 성불 공양이 되기를!"
"아들 딸의 자비심을 성숙시키는 공양이 되기를!"

마치 사시공양을 올리기 위해 밥을 떠서 불단에 올리듯이 밥공기를 상에 올린다. 절에 가서 공양을 올리지 못하더라도 가정이라는 법당에서 매일 부처님께 공양을 올리는 셈이다. 부처가 부처에게 공양을 올리니 지극히 성스럽다 하겠다.

08

쓰레기통의 쓰레기를 비우듯이 마음 속의 번뇌가 소멸되길

설거지, 청소 명상

설거지거리가 쌓인 것을 바라보고 일어나는 마음을 알아차린다. 하기 싫어하는가? 혹시 짜증난 마음은 없는가? 게으름피우고 싶은 마음은 없는가? 또는 빨리 해치우고자 하는 성급한 마음은 없는가?

그릇을 잡으려는 의도와 팔을 뻗어 그릇을 잡기까지의 의도와 촉감과 느낌과 물에 닿는 손의 느낌과 움직임, 그리고 씻으면서 일어나는 마음의 변화를 놓치지 않으면서 마음으로 그릇을 닦는다. 오로지 그릇을 닦는 데만 집중한다.

57

마음이 고요해졌을 때 한마음 내기도 한다.

"이 그릇이 깨끗이 닦여지듯이 몸과 마음을 닦아 청정심의 그릇이 되기를!"

"아들의 몸과 마음이 이같이 닦여 청정해지기를!"

"남편의 업장이 이같이 씻겨 행복하기를, 건강하기를!"

"친구의 몸과 마음이 깨끗해져 밝은 마음, 맑은 마음이 되기를!"

현재 닦고 있는 그릇을 우리가 발 딛고 살아가는 대한민국 국토나 지구라 여기고 정성껏 닦는다.

"지구가 청정하여 지구에 살아가는 모든 존재들이 건강하기를!"

"대한민국의 국토가 청정하여 이 나라에 사는 모든 존재들이 행복하기를!"

이렇게 설거지가 끝날 때까지 자애명상이나 자비명상을 하게 되면 부엌이 법당이고 마음씀이 기도가 된다. 또 스스로 부처님의 가피를 여는 시간이 된다.

마음에 진정성이 담기지 않으면 연습을 통해 어색한 마음을 훈련시켜 가도록 한다.

'청소명상' 하면 주리반특 이야기가 떠오른다.

지혜가 모자라 도저히 수행을 할 수 없다고 형에게 쫓겨나 울고 있는 주리반특을 부처님이 보시고, 그가 잘 할 수 있는 일이 청소라는 것을 아시고 "먼지를 털고 때를 닦아라!"고 부처님께서 과제를 낸다.

처음에는 "닦아"라는 말을 기억하면 "먼지를 털라"는 말을 잊을 정도였지만, 겨우 이 말을 익혀 염불처럼 마음에 떠나지 않게 간절히 염하면서 청소를 하다가 아라한의 깨달음을 얻었다.

이러한 사실을 마음에 담고 청소 명상을 한다.

"업장이라는 먼지와 마음의 번뇌를 털겠습니다."

먼지를 털고자 하는 의도와 그 의도에 따라 움직이
는 감각, 느낌, 생각을 알아차리면서 먼지를 턴다.

걸레질을 할 때도 걸레질하는 동작을 놓치지 않고
깨어 바라보면서 일어나는 의도, 느낌, 감촉 또는 생
각을 알아차리면서 한마음 낸다.

"일주일 동안 몸과 마음으로 지은 때를 걸레질하듯
닦아 내겠습니다."

"두 손과 두 발로 행한 모든 불선 행위의 업장을 닦
아 내겠습니다."

"몸으로 행한 모든 불선 행위의 업장을 닦아 내겠습
니다."

특별하게 마음에 남아 있는 감정이 있으면 마루의
때와 먼지를 그 감정의 형상이라 생각하고 마음을 담

60

아 걸레질을 한다. 마음이 평온해지면 그 감정이 일어
난 인과관계를 참구한다.

자녀들의 방을 닦아 낼 때는 자녀들을 위한 기도의
마음을 담아 걸레질을 한다.

"우리 딸이 행한 모든 불선업의 업장이 소멸되기를!"

"우리 아들의 마음에 들어 있는 모든 고뇌가 사라지
기를!"

"우리 아이들의 몸과 마음이 고요하여 정념 속에서
공부함으로써 나날이 지혜가 증장되기를!"

쓰레기통을 비울 때도 마음을 쓴다.

"쓰레기를 비우듯이 마음 속에 남아 있는 번뇌의 쓰
레기가 소멸되기를!"

09

이 음식이 있기까지 수고하신 모든 이들도 이 공양을 흠향
하시고 건강하길

공양 명상

음식을 먹기 전에, 음식을 먹을 때 바르게 관찰해야 한다. 마음의 온갖 욕심을 버리고, 맛을 즐기고 배불리 먹고, 몸을 살찌우고, 보기 좋게 함이 아닌 몸을 지탱하는 영양분을 얻고, 건강을 지키고 몸을 유지하여, 깨달음을 이루고자 이 음식을 받으리라.

땅과 물, 바람과 열이 합쳐져 이 음식을 만들었네. 우리가 그것을 먹을 수 있도록 수없이 많은 존재들이 수고를 하였으니, 이 음식이 반드시 수행에 도움이 될지어다.

음식을 먹을 때 바르게 관찰하여 배고픈 느낌은 일어나지 않게 하고 배부른 느낌은 새로 갖지 않도록 해야 한다.

이로써 몸과 마음 모두 건강하여 허물이 없으며 청정함

62

으로 항상 평온해질 것이며 나 역시 다른 생명에 보탬이 되리라.(보리수 선원 예불문)

음식상을 다 차렸는데도 식구들이 오지를 않는다. 빨리 공양 들고 출근해야 하기 때문에 조급한 마음이 올라옴을 보며 조급한 마음이라고 알아차린다. 서운한 마음이 올라온다. 그 마음을 알아차린다. "서운함!" "서운함!"이라고 명칭을 붙이기도 한다.

마음이 기쁘면 기쁜 마음을 알아차린다.

이렇게 밥상을 보면서 일어나는 마음을 알아차린다. 직장이나 또는 음식점에서 음식을 들 때도 음식상을 바라보면서 일어나는 마음을 바라본다. 많이 먹고 싶은 마음, 또 빨리 먹고 싶은 마음, 반찬이 맘에 들지 않는다고 못마땅해 하는 마음 등을 알아차린다.

일단 일어나는 마음을 알아차리면 들뜬 마음이 가라앉는다. 평온한 마음으로 음식상을 대하고 공양게를 마음속으로 염한다.

63

음식이 내게 오기까지 수고하신 모든 인연들께 감사의 마음을 담아 합장을 올리고, 이 음식이 나의 생명의 양식이 되듯이 모든 존재하는 이들도 더불어 공양 받으시길 바라는 마음도 덧붙인다. 절에서 읽히는 공양게를 마음을 담아 염하기도 한다.

"한 방울의 물에도 천지의 은혜가 스며 있고, 한 알의 곡식에도 만인의 노고가 담겨 있습니다. 이 음식으로 굶주림을 달래고 몸과 마음을 바로 하여 도업을 이루고져 이 공양을 받습니다."(불광사 공양게)

시간이 충분하고 혼자서 음식을 먹을 때는 제대로 음식 명상을 한다.

음식을 들고자 하는 의도에 따라 손을 뻗고 음식에 젓가락을 대려 하고, 음식에 닿고 집으려 하고, 음식을 집어 입으로 가져오고자 하고, 음식을 입으로 가져오고 음식을 입에 넣고자 하고, 입을 벌리고 음식을 넣고 팔을 내리고자 하고, 팔을 내리고 음식을 씹고자 하고, 음식을 씹고 아랫니 윗니가 부딪치는 느낌과 턱의 움직임과 얼굴 근육의 움직임도 놓치지 않는다. 현미경을 가지고 비춰보듯 몸과 마음에서 일어나는 일체 현상을 보듯이 알아차린다.

음식이라는 대상의 무게, 크기, 맛과 입 속에서의 형체의 변화, 맛의 변화, 혀의 움직임까지도 알아차리고 음식을 충분히 씹기도 전에 삼키고자 하는 욕망 등도 알아차린다.

넘기고자 하는 의도를 알고 음식이 식도로 넘어가는 느낌과 음식의 기운이 몸에 퍼지는 전 과정을 알아차린다.

초보자로 음식 명상을 했을 때의 기록이다.

"음식을 먹고자 하는 마음과 음식을 집으러 가는 움직임과 음식을 집고 음식으로 가고자 하는 의도, 입을 벌리고 먹고자 하는 의도와 움직임을 바라보기도 한다.

음식의 형태가 입속에서 변하고 밀입자가 되고 마침내는 물처럼 묽어지고 삼키는 과정도 살핀다. 맛도 처음에는 각 음식의 맛이 그대로 온몸에 전해진다. 사과의 싱그러운 맛이 온몸을 감싸고 배의 달콤한 맛이 또한 그렇다.

그러나 단물이 삼켜지고 찌꺼기가 물이 될 쯤이면 맛도 없어진다. 그리고 몸속으로 사라진다. 무상의 현상이 그대로 입속에서 벌어지고 있다."

음식의 맛과 향이 좋을 때는 좋은 것을 알아차리고 불보살님께 마음으로 공양을 올린다.

"이 맛과 향을 공양 올립니다."

이렇게 마음을 내면 느낌이겠지만 음식의 기운이 아지랑이처럼 하늘로 우주로 퍼져나가는 듯할 때도 있다.

"이 음식이 있기까지 수고하신 모든 이들도 이 공양을 흠향하시고 건강하고 평안하기를!"

　"이 지구상의 굶주리는 모든 생명들이 이러한 공양을 더불어 받을 수 있기를!"

　이러한 마음으로 음식 공양을 올리면 음식의 기운이 그렇게 퍼져가는 듯하다.

10
출퇴근길 명상

저기 오는 저 할머니가 모든 괴로움에서 벗어나서 행복하고 평화롭기를!

대문을 열고 나올 때의 마음을 알아차린다. 그리고 하루 일과를 여는 마음을 낸다. 기쁘고 보람찬 일상이 되게 오늘을 열겠습니다.

진심이 담긴 마음을 내면 기운이 온몸에 퍼지는 것을 느낄 수도 있다. 걸어서 전철역까지 갈 때 걷는 것을 알아차리면서 걷는다.

발을 들고 놓고 하는 것이라든가 왼발 오른발이 교대로 움직이는 것을 알아차린다.

바람이 몸에 닿는 감촉과 느낌을 알아차리고, 오가

는 사람을 바라보면 보는 것을 알고 보려는 의도, 보면서 대상에 대한 느낌도 놓치지 않고 알아차린다.

마음이 편안할 경우 만나는 인연들에게 자비의 마음을 보낸다.

"저기 오는 저 아가씨가 모든 괴로움에서 벗어나서 행복하고 평화롭기를!"

"저기 오는 저 할머니가 모든 괴로움에서 벗어나서 행복하고 평화롭기를!"

"저기 오는 저 남녀가 모든 괴로움에서 벗어나서 행복하고 평화롭기를!"

처음부터 진심으로 자비의 마음을 보내지 못할 때는 연습삼아 해 본다. 자꾸 해 보면 말이 씨가 되어 자비명상이 저절로 된다.

사람이 없으면 걸음에 집중한다. 숨결에 발걸음을 맞추어 걷기도 한다.

숨을 들이쉬면서 '왼발 오른발 왼발 오른발 왼발 오른발' 이렇게 세 걸음 네 걸음을 걷고, 또 내쉬며 들숨처럼 호흡에 발걸음을 맞추면서 오로지 숨결의 들고 남을 알아차리면서 걷는다. 전철을 타거나 버스를 탈 때도 자신의 마음상태를 점검한다.

마음이 평온한 상태가 될 때 승객들을 향하여 마음의 품을 넓혀 차에 탄 모든 사람들을 자식처럼 안는 듯한 마음으로 자비의 마음을 보낸다.

"이 버스에 타고 있는 모든 사람들이 적의감에서 벗어나 평화롭기를!"

시야에 들어오는 사람 각각을 향하여 자비의 마음을 보내기도 한다.

"저 학생이 적의감에서 벗어나 평화롭기를! 모든 고통에서 벗어나 행복하기를!"

자비 명상을 할 때는 얼굴 근육을 이완시키고 미소를 머금고 자비의 마음을 보낸다. 자가용을 탈 때 가능하면 차에다 이름을 붙여준다. 차가 네모난 땅을 잘 달리면 '참' 자가 된다. 차가 달리는 곳에 참한 일이 일어나도록 그에 걸맞은 차 이름을 붙여준다.

차를 탈 때는 차에게도 인사를 나눈다.

"오늘도 보람 있는 일들을 실어 나르는 일상이 됩시다."

차를 보고 차에 타고 의자에 앉고 핸들을 잡고 전진 후진하여 도로에 나오기까지 차와 손의 접촉으로 인한 감각과 감촉, 느낌, 생각들을 가능하면 알아차리도록 하면서 운전한다.

백미러를 보면 보는 것을 알고, 앞을 보면 앞을 보는 것을 알고, 앞차가 천천히 가면 마음이 급해지는 것을 알아차리고, 또 앞지르고 싶은 마음도 알아차린다.

71

뒤차가 빵빵거릴 때 일어나는 마음도 알아차리고, 핸들을 돌릴 때 오른쪽 왼쪽으로 돌리려는 의도를 보고 돌리는 동작을 알아차린다.

발이 놓여진 느낌을 알아차리고, 빨리 달리고 싶은 의도를 알아차리고, 가속페달을 밟으려는 의도를 알아차리고, 다리의 움직임을 알아차린다.

빨간 불이 켜지면 빨간 불을 봄을 알아차리고, 멈추려고 하는 의도와 브레이크를 밟고 클러치를 내리는 전 과정을 알아차린다.

파란 불이 켜지면 파란 불이 켜짐을 알아차리고, 움직이려 하는 의도에 따라 손과 발이 움직이고 차가 움직이는 전 과정을 알아차린다.

의자와 엉덩이와 닿음, 손과 핸들의 닿음 정도를 알아차리면서 운전을 한다.

신호등을 만났을 때 빨간 불인 경우 최근의 삶 속에서 빨간 불과 같은 경고는 없었는지 살피고 한마음 내기도 한다.

11
빨래할 때의 명상

다리미에 옷주름이 펴지듯이 모든 근심 걱정이 펴지기를!

　세탁기로 빨래하면 물이 많이 들고 또 세제의 공해를 생각해서 부피가 작은 옷, 특히 속옷은 손빨래를 한다. 빨래를 하기 전에 마음상태를 본다. 귀찮아하는가? 부담스러워하는가? 하기 싫어하는가? 이런 마음을 알아차리고 고요한 마음으로 빨래를 시작한다.

　빨래를 물에 담그기 전 먼지를 턴다. 빨랫감을 잡는 손바닥의 감각, 움직이려고 하는 의도, 팔을 움직여 털고, 움직이는 빨랫감을 보는 느낌, 힘을 더 주고자 하는 의도와 힘을 주어 세게 터는 움직임과, 손과 빨

73

랫감의 접촉에서 일어나는 감각과 느낌도 알아차린
다. 먼지를 털면서 한마음 내기도 한다.

"이 옷을 입는 동안 쌓인 업장의 먼지도 옷 먼지처
럼 버려지기를! 놓아지기를!"

물을 틀려고 하는 의도와 손을 움직여 수도꼭지를
잡고 손과 수도꼭지가 닿아 일어나는 감촉을 알아차
리고, 물이 흘러나오는 것을 보면서 일어나는 마음도
바라본다.

빨랫감을 가져다 빨래판 위에 놓으려는 의도와 실
제 가져오는 움직임을 알아차리면서 빨랫감을 건져놓
는다. 비누를 잡으려는 의도와 잡는 행동, 손이 비누
에 닿아 느끼는 미끄러운 감촉과 비누의 향기를 알아
차리고, 또 맨손으로 비누를 만져 손이 거칠어지지는
않을까하는 염려하는 마음도 읽어낸다.

비누를 들었다 놓았다 하는 모든 움직임이 일어나

게 하는 의도와 움직임의 감각과 느낌을 알아차린다. 빨랫감을 이리저리 뒤집어 골고루 비누를 칠하고자 하는 의도와 움직임, 그와 연관되어 일어나는 감촉과 마음의 변화들을 알아차린다.

마치 유리방 속에서 일하는 내 모습을 또 하나의 내가 밖에서 보고 있듯이, 몸과 마음에서 일어나는 현상들을 관찰하며 알아차린다.

비누를 다시 비누통에 두기까지 손으로 빨랫감을 잡고 또 한 손으로는 빨랫감을 비비는 과정에서 일어나는 몸과 마음의 현상들을 알아차린다.

손목에 힘이 없어 통증이 일어나고, 허리가 아프고, 다리가 아픈 현상들이 있을 때 그것을 거부하는 마음은 없는지 저항하는 마음은 없는지 알아차리고, 그 아픔을 고요히 바라보면서 통증의 변화 과정을 알아차리기도 한다.

천천히 손목을 돌보면서 빨래를 비빈다. 1분에 몇십 번 비비는 행동이 일어나는데 그 일어나는 점 같은

75

짧은 순간에도 비비고자 하는 '의도'라는 마음이 작동되고 행동의 변화와 느낌이 일어났다 사라지는 것을 알아차린다. 빨래도 손이 하는 것이 아니라 결국은 마음이 하는 것을 알 수 있다.

빨랫감이 된 옷들을 입고 활동했던 내용들을 생각하면서 또 한마음 낸다.

"우리교육에서 상담교육을 하면서 만난 선생님들, 연수에서 만났던 800여 명의 선생님들, 마음자람 메카에서 만난 인연들, 북부지역 교육 현장에서, 초등지회에서 만난 선생님들, 통일교육을 하면서 만난 선생님들, 학교의 동료들, 제자들……. 수많은 사람들과의 만남 과정에서 말로, 몸으로, 생각으로 지은 잘못이 있으면 이 옷의 때를 씻어내듯이 소멸되기를!"

"이 옷을 입고 만났던 모든 인연들이 건강하고 행복하기를!"

"마음모음님이 평화롭기를!"

"숨빛님이 행복하기를!"

"선생님들이 건강하시길!"

"우리 제자들, 몸과 마음이 건강하기를!"

"우리 아들이 이 양말을 신고서 다니면서 행한 모든 일이 선업으로 되고, 이미 행한 불선업이 있다면 소멸되기를!"

"남편이 이 옷을 입고 행한 모든 업장이 소멸되고 앞으로 이 옷을 입고 하는 일들이 선업이 되기를!"

"이 옷을 입고 하는 일과 만나는 사람들이 좋은 인연이 되기를!"

헹굴 때는 실제로 해당 식구들의 마음을 빨래로 대체하여 때묻은 마음을 헹구는 마음으로 마음을 다해 움직인다. 짤 때도 한마음 낸다.

"나와 우리 식구들, 모든 근심 걱정이 이같이 흘러나가기를!"

짜느라고 구겨진 옷을 털어서 널 때도 빨래를 잡고 털고 힘을 주고 터는 과정 하나 하나를 알아차리면서 한마음 낸다.

"식구들의 구겨진 마음과 얽혀 있는 번뇌가 지혜와 사랑의 밝은 빛에 반듯하게 펴지기를!"
"몸과 마음이 더욱 정화되기를!"

다리미질을 할 때도 마찬가지로 알아차림을 놓치지 않으면서 옷 임자의 몸과 마음을 어루만지듯 소중하게 옷을 다리미판에 놓고 먼저 마음이 지향하는 바를 스스로에게 알린다.

"다리미에 옷주름이 펴지듯이 모든 근심 걱정이 펴지기를!"

12

차 명상

차를 마실 때, 과거에 마셨던 차맛을 가지고 현재의 맛과 비교한다면 그 차맛은 첫 번째 맛이 아니라 이미 두 번째 맛일 뿐입니다.

차를 마실 때마다 과거의 맛과 비교하지 않는다면 그 맛은 늘 첫맛입니다.

사람을 만날 때도, 과거 생각에 얽매이지 않는다면 그 사람과의 만남은 항상 첫 만남이 될 것입니다.(항상 첫맛과 같이-관허 스님)

존재는 관계의 총화다. 존재는 관계이다. 여러 관계 중 인간관계의 조화와 화목은 인간 존재가 행복해지는 관건이다. 행복한 만남의 수단으로, 섬김과 정성의 공부로 해 본 차 공양 명상이다.

사람과 마주앉기 전 마음상태가 고요한지 알아차리고 한마음 낸다.

"오늘 차 공양으로 이 사람들의 심신이 건강해지기를!"

"대접하는 본인은 하심의 공부가 익어지는 계기가 되기를!"

마주앉은 사람을 부처님이라 여기며 사랑의 마음으로 공경하는 자세로 인사를 올린다. 가능하다면 인사를 올리는 마음, 말하는 모양, 말소리를 스스로 알아차리면 좋겠지만 안 되면 순간순간 몸과 마음의 움직임을 최대한 알아차린다.

찻상의 덮개를 열고자 하는 의도를 알아차리고, 덮개보를 주시하면서 손을 들어올려 차 덮개 보자기를 잡고 다시 두 손으로 접으면서 순간순간 무엇을 하고 자 하는 마음의 작용인 의도를 알아차린다.

보자기와 손의 접촉으로 인한 감각, 그 감각에서 일어나는 느낌과 손의 움직임을 알아차리면서 접어서 놓고 차 그릇을 놓는다.

커피포트의 끓인 물을 가지고 오고자 하는 의도와 가져오려고 몸을 돌리고자 하는 의도와 몸을 돌리는 동작을 알아차리고, 손을 들어 잡으려는 의도에 따라 손이 들려지고 손잡이를 잡고 들어서 찻물 식히는 그릇에 물을 따르고 제자리에 두고자 하는 의도를 알아차리고, 물 식힐 사발에 물을 붓고 커피포트를 제자리에 둔다.

행동이 일어나는 것을 보면 쥐불놀이처럼 작은 움직임이 빨리 이어져 쥐불이 둥근 불꽃으로 보이듯 작은 행동의 변화 사이에 다음 움직임을 일으키는 마음작용인 의도와 그에 따른 움직임, 움직임의 변화에 따른 감각과 느낌을 알아차린다.

물 식힘 그릇을 들어 다관과 찻잔에 물을 부어 예열하고자 하는 의도를 알아차리고, 물사발에 손을 대고 사발의 따뜻한 느낌을 그대로 알아차리고, 사발을 들어 다관과 찻잔에 끓인 물을 따른다.

그릇이 주는 열감과 따르면서 떨어지는 물소리, 그릇에 담기는 물의 정도, 그릇에 따르고자 하고 또 멈추고자 하는 의도 다시 손을 움직여 따르는 각 과정에서의 움직임과 느낌을 알아차린다.

찻물을 다시 따라 식힘 사발에 붓고자 하는 의도를 알아차리고, 몸을 돌려 커피포트로 향해 움직여 커피포트를 잡으려는 움직임과 커피포트를 들어 물 식힘 사발에 따르는 과정에서 일어난 움직임과 그 움직임이 있기까지의 의도와 그 의도에 따른 움직임, 움직임에 따른 감각, 느낌, 생각과 이 모두를 통째로 알아차린다.

식힘 사발을 보고 보는 것을 알고 물을 따르고자 하는 의도를 알고 그 의도에 따른 물 따르는 움직임과 물 떨어지는 소리를 알아차린다.

쓸 만큼의 물이 차면 물 따르는 것을 중지하려는 의도를 알아차리고 커피포트를 제자리에 둔다.

예열한 차 단지와 찻잔의 더운 물을 물 버리기 그릇에 버리려는 의도를 알아차리고, 차 단지를 보고 손을 들어올리고 손을 뻗고 차 단지의 손잡이를 잡고 손잡이에서 전해지는 감촉을 알아차리면서 차 단지에 물을 따른다.

찻숟가락으로 차를 뜨려는 의도를 알아차리고, 차통을 열고자 하고 차통을 보고 차통을 열고 찻숟가락을 넣어 차를 보고 차를 뜨는 소리와 감촉도 알아차리면서 차를 떠서 차 단지에 넣는다.

다시 식힘 사발의 물을 들이붓고자 하는 의도를 알아차리고, 몸을 움직여 사발을 보고 사발의 온기를 알고 사발을 잡고 옮겨 와 차 단지에 물을 따르고 뚜껑을 닫고 사발 주위에 물기가 있으면 있는 것을 알아차리고, 닦으려는 의도를 보고 차 수건을 들어 닦고 놓기까지의 과정에서 일어나는 몸과 마음의 움직임을 알아차린다.

찻잔의 예열 물을 그릇에 버리려는 의도를 알아차리고, 찻잔을 보고 팔을 들어 움직이고 찻잔에 손이 닿고 찻잔과의 접촉에서 일어나는 감촉과 느낌을 알아차리면서, 하나하나 물을 버리고 물기를 보면 보는 것을 알아차리고, 차 수건을 들어서 닦으려는 것과 닦고 찻잔을 제자리에 놓기까지의 과정을 알아차린다.

차가 우러나기까지 잠시 기다리며 아무것도 하지 않고 있는 기다림 상태의 느낌을 놓치지 않는다. 알아차림을 깨지 않으면서 앉아 있는 사람과 담소를 나누려는 의도를 알아차리고, 담소를 나누며 주고받는 목소리를 알아차린다.

차를 따르려는 의도를 알아차리고, 오른손을 들어 차 단지의 손잡이를 잡고 들어올려 왼손으로 차 단지의 두껑을 살짝 누르고 두세 번 가볍게 흔들어 물을 섞고 차를 따르기까지의 움직임 사이사이에서 일어나는 의도와 움직임과 느낌과 생각을 알아차린다.

찻잔에 순서대로 차를 따르고 멈추고 다시 따르고 멈추고 하는 움직임과 찻물 떨어지는 소리, 차의 색, 차의 향기, 차 단지에서 전해지는 온기를 알아차리면서, 차를 따르고 차 단지를 제자리에 놓기까지의 과정에서 일어나는 일체의 것을 알아차린다.

차가 준비되면 먼저 시식하는데 부처님께 차 공양을 올리듯 자기에게 공양을 올린다. 찻잔을 들어 향과 맛을 보고자 하는 의도를 알아차리고, 오른손으로 찻잔을 잡고 왼손으로 받쳐서 가슴 높이까지 올려 차의 향을 흠향하고 차의 색을 보면서 잔을 입술로 가져가고 입술에 닿기까지 과정에서 일어나는 의도와 움직임과 감촉과 느낌과 생각을 알아차린다.

차를 마시려는 의도를 알아차리면서 손을 움직여 차를 마셔 입에 머금은 감촉과 느낌 차향을 알아차리고, 맛을 알아차린다. 넘기려는 의도를 알아차리고, 넘기고 식도로 내려가는 느낌과 그 후 몸과 마음에서 일어나는 일체의 현상들을 알아차린다.

맛을 확인하고 손님을 대접하고자 하는 의도를 알아차리고, 자신의 찻잔을 내려놓기까지의 과정을 알아차리면서 찻잔을 놓는다.

손님께 차 공양하려는 의도를 알아차리고, 이 차를 마시면서 마음이 맑아지고 밝아지기를 바라는 마음을 담아서 차를 올린다.

제2장

5분 명상 활동 사례

인간생활의 기본은 인사(人事)다. 인사(人事)는 사람의 일이다. 학창시절 십수 년 동안 매 시간마다 처음 하는 일이 인사이다. 인사할 때 '차렷! 경례' 라고 한다. 차렷! 이것이 알아차림의 언어다. 정신차렷! 정신차렷이란 말은 무슨 의미인가?

지금 몸과 마음이 무슨 일을 하고 있는가를 아는 일이며, 지금 여기에서 만나는 사람과 자신이 하는 일에 온전히 집중하는 것이다. 알아차림과 집중만 되면 못할 일이 없다. 공부에 집중하면 공부를 잘하고, 만남에 집중하면 좋은 만남이 되고, 일에 집중하면 일이 잘된다.

청소년들에게 잊어버릴 지식을 넣어주는 것보다 자신을 아는 힘을 갖도록 하는 것이 최고의 교육인 선물이라는 판단하에 2000년부터 실시해 온 명상 활동 중에서 이 장에서 소개하는 것은 수업 시작 전에 실시한 5분 명상이다. 누구나 간단하게 할 수 있는 내용이라 공유하고자 하는 마음을 내어본다. 상상을 할 수 있는 사람이면 누구나 읽으면서 따라할 수 있을 것이다. 자녀가 어린 경우는 하나의 안내글로 일주일을 계속하여 스스로 해 보게 하고 청소년인 경우는 스스로 읽어 보면서 명상을 해도 된다.

01

내 몸은 사라졌지만 이 모든 과정을 알아차리는 나는 남아 있네요.

몸 이완 명상

눈을 감고 안내에 따라 해 봅니다.

여러분은 지금 숲 속에 와 있습니다. 햇빛을 가릴 정도로 큰 나무들로 가득찬 숲입니다.

숲 가운데는 개울물이 흐르고 있네요. 개울물 옆에는 오솔길이 있습니다. 그 길을 따라 걷고 있습니다. 길 양 옆에는 아름다운 꽃들도 피어 있습니다. 향긋한 꽃 냄새가 코끝으로 스며듭니다.

나비들도 날고 있네요. 새들도 지저귀고 있고요.

참 기분이 좋습니다. 빙그레 웃어봅니다.

어디서 물소리가 들리네요. 물소리 나는 곳으로 가기 위해 숲길을 따라 더 들어갑니다.

마침내 그 소리 나는 근원에 도달했네요. 하늘에서 물이 떨어지듯 높은 절벽 위에서 가는 물줄기가 떨어지고 있네요.

옷을 벗고 물 아래 서서 물을 맞습니다. 몸이 보송보송한 눈사람의 형상이라고 마음으로 상상해 보세요. 눈으로 된 신체 부위를 생각하면 생각하는 부분에만 물이 집중적으로 떨어진답니다.

지금부터 마음의 눈이 가는 곳마다 내 몸으로 물방울이 떨어져 눈이 녹듯이 마음이 가는 몸 부분이 녹아 사라질 것입니다.

안내하는 신체 부위를 잘 느껴 보면서 따라해 보세요. 잘 안 되면 그냥 말하는 신체 부위에 힘을 빼고 느껴 보세요.

머리칼과 뇌를 가만히 마음의 눈으로 바라보세요.

머리에 힘을 빼고 느껴 보세요. 머리에 기운이 느껴지면 그냥 느껴지는 것을 알면서 계속 마음의 눈으로 머리를 바라보세요.

머리가 집중적으로 물에 맞아 점점 머리 부분이 작아지더니 이윽고 사라져 허공이 되었습니다.

이마, 눈썹 부분, 눈 부위를 느껴 보세요. 이 부분에 물이 집중적으로 쏟아지면서 이마 부분이 사라지고, 눈썹 부분이 사라지고, 눈 부분이 사라지네요.

양쪽 귀를 바라보세요. 힘을 빼고 가만히 느껴 보세요. 그 부분에 물이 쏟아져 점점 녹아 사라져 가벼워지는 것을 바라보세요.

윗입술, 아랫입술, 턱을 바라보세요. 그리고 느껴 보세요. 물이 집중적으로 바라보는 부위에 쏟아져 그 부분이 점점 녹아 사라지네요.

머리 전체를 다시 한번 떠올려 보세요.

이번에는 상하좌우에서 얼굴을 포함한 머리 부분 전체를 마음의 눈으로 바라보세요.

사방에서 물이 나와 눈으로 된 머리가 물에 녹아 사라져 허공이 되어가는 것을 바라보세요.

목 부분을 바라보세요. 힘을 빼고 가만히 느껴 보세요. 물이 스며들어 점차 목이 녹아 사라지는 것을 바라보세요.

양쪽 어깨를 바라보세요. 그 부분에 물이 스며들어 점점 녹아 사라지는 것을 바라보세요.

허공 같은 가벼움이 느껴지는지 바라보세요.

두 팔을 한꺼번에 바라보세요. 그리고 가만히 느껴 보세요. 물이 스며들어 두 팔이 점점 녹아 사라져 텅 비어 허공이 되었습니다.

어깨 아래에서 아랫배까지의 몸통을 바라보세요. 몸에 힘을 빼고 느껴 보세요. 이 부분에도 물이 스며들어 점점 녹아 몸통이 텅 비어 갑니다.

두 다리를 바라보세요. 두 다리에 힘을 빼고 느껴 보세요. 다리에도 물이 스며들어 위에서부터 점차 녹아 물이 되어 사라집니다.

양쪽 허벅지, 무릎, 장딴지, 발목, 발뒤꿈치, 발등, 발바닥, 열 개의 발가락을 느껴 보세요.

차례로 사라져 내 몸은 허공처럼 텅 비었습니다.

나는 허공이 되었습니다. 내 몸은 사라졌지만 이 모든 것을 알고 있는 나는 남아 있네요.

나는 누구일까요?

[명상 소감]

명상을 하고 나니 몸이 가벼워진 것 같았고 몸 전체에 물이 흐른다고 생각하니 찌릿한 느낌이 들었다.(구암중 연이)

팔이 허공으로 사라진다고 말할 때 팔에서 뭔가 찌릿하게 느낌이 온 것 같다. 마음이 편안해진 것 같아 좋았다. 명상을 할 때 몸이 나른해지면서 졸음이 밀려왔다.(보령)

바람에 실려 오는 향기가 내 몸을 스치면서 콧속까지 흘러들어오는 것 같아 기분이 상쾌했다. 따뜻한 물줄기에 몸을 맡기니 온몸이 찌릿 찌릿한 느낌이 오는데 나도 모르게 미소가 나왔다. 굳었던 신체 부위가 움직이는 것 같기도 했다.(문성)

몸에 들어갔던 힘을 빼고 조용히 명상에 잠기니 머리가 맑아지고 무언가 몸에서 빠져나가는 느낌이었다. 시험으로 지친 몸과 마음이 한결 가뿐해졌다. 공부하기 전에 가끔 해야겠다.(다온)

나는 선생님이 안내하는 대로 몸이 녹아 여러 가지 물이 되어 사라지는 것을 명상했다. 말하는 신체 부분이 녹아 없어지니 그 부분이 가벼워지는 것 같고 시원해지는 것 같았다. 그리고 배 부분이 사라질 때는 방귀도 나왔다. 몸을 없애기를 하면서 그 몸이 사라지는 것을 보고 있는 것 같았다. 그것을 생각이라고 하는가요? 정말 내 몸이 없어지면 나는 어떻게 되는 것일까?(연하)

02

몸이 없어져도 나는 있을 수 있을까요?
있다면 그것의 실체는 무엇일까요?

이완과 치유를 겸한 명상

현재 앉아 있는 모습을 마음의 눈으로 바라보세요. 그 모습이 드라이아이스로 된 사람 모양이라고 상상해 보세요. 드라이아이스는 얼음처럼 되어 있는데 높은 온도에서 기화되어 하얀 연기처럼 되지요.

지금부터 바라보는 마음의 시선이 뜨거운 물줄기라고 생각해 보세요. 바라보는 신체 부위가 뜨거운 물에 기화되어 사라지는 것을 바라보는 명상을 하겠습니다.

머리를 바라보세요. 힘을 빼고 머리 부분을 통째로

95

느껴 보세요,

자 머리 부분에 뜨거운 물이 스며들어 얼음이 증기로 증발되는데 머릿속에 있는 고민거리, 슬프고 괴로운 기억이 검은 수증기가 되어 허공으로 사라져 가는 것을 바라보세요.

머릿속에서 빠져 나온 그 불순물의 기운이 점점 하늘로 높이 떠서 멀리 멀리 사라져 가고 머리 부분이 텅 비어 허공이 되었습니다.

이제 얼굴을 가만히 느껴 보세요. 신체 부위를 말하면 그 부분에 힘을 빼세요.

이마 부분, 눈썹 부분, 눈 부분을 바라보세요. 뜨거운 물이 스며들어 증기로 되어 사라지는데 이곳에서는 노란색 증기가 뿜어져 나오고 있습니다.

봐서는 안 될 것을 본 흔적, 잘 못 보고 실수한 흔적, 보고 욕심을 내고 질투한 흔적들이 눈 세포에 새겨져 있다가 녹아서 노란색 증기가 되어 뿜어 나오고 있습니다.

생활명상

모락모락 피어나는 증기가 점점 약해지면서 해당 부위가 텅 비어 갑니다.

코 부위와 양쪽 빰을 바라보세요. 그 부위에 뜨거운 물이 스며들면서 증기가 나오는데 코로 좋은 냄새를 맡고, 싫어한 흔적과 자신의 얼굴에 대한 열등감이나 또 잘난 체한 기억들이 파란 증기가 되어 사라지면서 점차 코와 볼 부분이 텅 비어 갑니다.

잘 안 되면 그냥 힘만 빼고 가만히 코와 볼 부분을 느껴 보세요.

이제 두 귀를 바라보세요. 두 귀에 뜨거운 물이 스며드네요.

귀에서는 잘 듣지 않는 버릇, 듣고 싶은 것만 듣는 버릇, 바로 듣지 못하고 오해하여 자신과 타인을 힘들게 한 흔적들이 파란색 김으로 증발되면서 두 귀가 사라져 텅 비었네요.

윗입술, 아랫입술 턱을 바라보세요. 힘을 빼고 바라보세요.

뜨거운 물이 스며들면서 지금까지 험담하고, 이간질하고, 한 입에 두 말하고, 거짓말하고, 욕했던 기억들이 녹아 붉은색 증기가 되어 허공으로 사라져 가네요.

목 부분을 바라보세요. 힘을 빼고 바라보세요.

목 부분에 뜨거운 물이 스며들어 목이 증기로 증발되는데 목을 빳빳하게 세우고 자기를 내세우려했던 교만심과 거만심과 자만심의 흔적이 녹아 황토색 증기가 되어 하늘로 흩어져 사라져 가네요.

양쪽 어깨를 바라보세요. 어깨 부분에 뜨거운 물이 스며드니 갈색 증기가 피어나면서 어깨 부분이 점점 텅 비어 가네요.

공부에 대한 부담, 부모님의 기대에 대한 부담, 주위 사람들이 자신에 대해 거는 기대에 대한 부담, 일을 잘 해야 한다는 부담, 좋은 사람이 되어야 한다는 부담의 흔적들이 어깨에 새겨져 있다가 보라색 증기가 되어 어깨와 함께 사라지네요.

두 팔을 바라보세요. 힘을 빼고 두 팔을 가만히 느

껴 보세요. 두 팔에 뜨거운 물이 스며드니 파란색 김이 솟아나네요.

두 팔로 해서는 안 될 일을 해서 죄의식을 느꼈던 기억들이 파란색 증기가 되어 두 팔과 함께 사라지네요.

이제 목 아래서 허벅지 위까지의 몸통을 한꺼번에 바라보세요. 몸통 전후좌우에서 한꺼번에 바라보면서 몸통을 느껴 보세요.

뜨거운 물이 스며들어 몸통에서 회색 증기가 솟아오르는 것을 보세요.

너무 따지는 것을 좋아해서 자기도 고통스럽고 남도 고통스럽게 한 흔적이 들어 있는 폐에서도 회색 증기가 솟아오르고, 감정의 조절을 못해 힘들었던 기억이 심장에 기록되었다가 회색 증기로 증발되고, 인간관계를 잘못 풀어 괴로웠던 흔적이 있는 위장에서도, 화를 내어서 자기를 괴롭혔던 흔적이 있는 오른쪽 갈비뼈 밑 간에서는 더 많은 회색 김이 솟아 나오네요.

스트레스를 받아 괴로웠던 흔적이 배어 있는 복부의 창자에서도 증기가 무럭무럭 솟아나네요.

몸통 곳곳에서 회색 증기로 세포가 증발되어 가면서 몸통이 점차 사라지는 것을 바라보세요.

증기가 빠져나가면서 허공처럼 몸이 가벼워지는지도 느껴 보세요.

두 다리를 바라보세요. 두 다리 부분에도 뜨거운 물이 스며듭니다.

양쪽 허벅지, 무릎, 장딴지, 발목, 발뒤꿈치, 발등, 발바닥, 열 개의 발가락까지 뜨거운 물이 스며들면서 두 다리 부분에서도 녹색 김이 솟아오르네요.

두 다리로 해서는 안 될 일을 행한 흔적이 녹아 녹색 김이 되어 허공으로 사라져 가네요.

색과 색이 혼합되면 검은색이 됩니다. 몸 곳곳에 배어 있는 여러 색깔의 마음들이 혼합되어 마음을 어둡게 하였던 기억들이 각각의 색으로 빠져나가 몸이 없는 듯합니다.

생활명상

지금까지 명상을 하면서 안내에 따라 생각이 움직이고 또 그 생각이 움직이는 것을 아는 것이 있었지요. 이것이 무엇일까요? 몸이 없어져도 나는 있을 수 있을까요? 있다면 그것의 실체는 무엇일까요?

[명상 소감]

맨먼저 머리에 뜨거운 물이 닿자 김이 나오는데 머릿속에 나쁜 생각들, 안 좋은 생각들, 스트레스를 내보내는 것을 생각했다. 머릿속의 잡생각이 없어지는 것 같고 머리 아픈 것이 사라졌다. 입 부분에서 증기가 나갈 때는 내가 여태까지 친구들에게 잘못 말했던 나쁜 소리를 하고 들었던 것이 빠져 나간다고 생각하니 기분도 좋고 몸도 가벼워진 것 같다. **(호승)**

선생님이 머리 부분을 말씀하실 때는 머리가 움찔움찔하고 머릿속에 시냇물이 흐르는 듯한 느낌을 받았다. 또 몸의 부분 부분을 말할 때마다 그 부위가 간지러웠다. 처음부터 끝까지 손은 피가 몰린 듯 답답했고 움찔움찔했다. 오랜만에 집중을 한 탓인지 졸리는 것 같으면서도 또렷해졌다. **(희경)**

평소에 몸의 변화를 못 느낄 정도로 바빴던걸까? 앞으로만 곧장 돌진했나 보다. 내 몸의 움직임조차 느끼지 못하고 살아왔다니. 바로 내 몸인데! 집에서도 공부하기 전에 명상을 한 번이라도 해야겠다. 정신이 맑아지니까!**(수희)**

목 어깨 차례로 했는데 나는 어깨 부분에서 내 몸이 한결 더 가벼워지는 것을 느꼈다. 그 동안 부모님이나 선생님들에 대한 부담감이 커서 어깨가 무거웠는데 명상을 하면서 무척 가벼워져서 기분이 좋았다. 그 다음 폐와 심장에 물을 부었는데 나는 폐보다 심장에서 더 많은 연기가 피어오르는 것을 느꼈다. 그 동안 입었던 많은 상처들, 나쁜 감정들이 나도 모르게 많이 쌓여 있었나 보다. 그 다음엔 간과 위장 대장 순서로 물을 부었다. 나는 모든 장기가 깨끗해지는 것을 느끼며 또한 기분도 상쾌했다.**(경희)**

명상은 사람의 마음을 진정시키고 편안하게 하는 힘이 있는 것 같다. 시험 대비하느라 지치고 힘들고 짜증나는 내 마음이 명상으로 인해서 차분해진 느낌이 든다. 성당에 가서 고해성사를 하고 난 후의 상쾌한 느낌이랄까.**(재상)**

03

속사람을 만나는 명상

눈을 감고 허리를 바로 펴시고 온몸에 긴장을 푸세
요. 머리에서 발 끝까지 긴장이 들어갔는지 확인해 보
세요. 지금부터 안내의 말을 할 테니 마음으로 따라해
봅니다.

여러분은 파란 잔디로 뒤덮인 들판을 걷고 있습니
다. 파란 들판이 끝없이 펼쳐져 있네요. 걷기도 하고
뛰기도 하면서 가고 있습니다.

이제 걸음을 멈추고 잔디밭에 누워보세요. 큰 대ㅊ

103

자로 누워 온몸의 긴장을 풉니다. 몸도 편안하고 기분도 좋습니다.

하늘을 보세요. 파란 하늘에 어디서 왔는지 모르게 배 모양의 뭉게구름이 떠 있다가 누워 있는 곳으로 내려옵니다.

자신도 모르게 일어나 구름에 올라탔습니다. 구름이 서서히 하늘을 나네요. 누웠던 들판이 아스라이 보이네요. 산 위를 날고 구름 속을 나는데 앞을 보니 뾰족한 지붕이 보입니다. 가까이 가 보니 화려한 궁전입니다.

구름배가 궁전 뜰에 내려 앉습니다. 아무도 없는 듯합니다. 황금으로 장식된 문이 있어 그 앞에 서니 문이 저절로 열립니다. 여러 가지 불빛으로 장식된 아름다운 방입니다.

방 가운데 놓여 있는 황금보석 의자에 사람이 앉아 있습니다. 자신을 닮은 사람입니다. 그 사람은 나의 속사람이라고 합니다. 내 깨끗한 마음이 사람 모양의 형상으로 나타난 것입니다.

지상에 있는 그 어떠한 옷보다 가장 아름다운 옷을 입고 피부 또한 투명하고 눈동자 또한 맑고 아름답습니다. 눈동자는 물기를 머금은 듯 빛이 나고 사랑으로 가득 차 있는 듯합니다.

지금부터 현재의 자신이 고귀한 내면의 성품인 속사람에게 고백하며 절을 하는 명상을 하겠습니다. 아름답고 맑은 자신의 속사람을 향하여 존중하고 섬기는 마음으로 예를 올리겠습니다.

명절날 제사지낼 때 하는 큰절을 올리겠습니다.

왕의 의자에 앉아 있는 자기 자신이 말을 걸어 올 때까지 명상 속에서 절을 합니다.

자신의 이름을 속으로 부르면서 고백의 절을 합니다.

"나는 나를 사랑하고 존중합니다."

"나는 나를 사랑하고 존중합니다."

"나는 나를 사랑하고 존중합니다."

"나는 나를 사랑합니다."

열 번 이상 이렇게 고백하면서 절을 합니다.

절을 하다가 사랑하고 존중할 만한 속사람을 욕되게 하거나 잘못된 생각이나 말과 행동으로 자신과 타인을 괴롭힌 일이 있으면 자신의 속사람에게 고백을 해도 좋습니다.

또 바람직하지 못한 태도나 행동으로 자기 자신에게 상처를 주거나 슬프게 한 일이 있으면 고백해도 좋습니다. 그런 고백을 할 때 속사람인 나 자신이 그 고백을 받아 주는지도 봅니다.

앞에 앉아 있는 속사람은 하늘 같은 성품을 가진 분이고 사랑이 깊은 분이기 때문에 솔직하게만 고백하면 용서하고 또 좋은 가르침을 줄 것입니다.

평소에 다른 사람이 용서해 주지 않아도 자기가 자기의 행위를 이해하고, 스스로를 용서하고 가엾게 여기면 한결 마음이 가볍습니다.

자기가 자신을 못난 인간으로 생각하면 세상은 더 못난 인간으로 봅니다.

생활명상

자신이 자신을 아무렇게나 대우하면 타인은 더 심하게 무시하게 됩니다.

하늘 같은 자기 자신이 하늘처럼 존엄하게 대접받고 각자의 부처님 성품인 속사람이 내 속에서 그대로 나의 주인이 되게 하여 하늘처럼 존귀한 생을 만들어가시기 바랍니다. 부처님처럼 자비로운 사람들이 되시기 바랍니다.

나 자신이 귀한 것같이 친구를, 이웃을 부처님처럼 또 하늘같이 섬기고 상호 존중하면서 서로를 기쁘게 하는 하루가 되시기 바랍니다.

그리고 정말 나의 아름다운 마음이 어떤 형상을 가진다면 어떤 모습일지 한번 그려보시기 바랍니다. 여러분이 그리는 모습대로 여러분은 재창조될 것입니다.

[명 상 소 감]

수요일은 언제나 평온했다. 편안하고 따뜻했다. 명상을 하

107

면 언제나 몸과 마음에 쌓여 있던 피로가 사라지는 느낌이다. 내가 커지고 내 마음이 커지고 내가 누구에게도 말하지 못하였고 위로받지 못하고 용서받지 못할 일들에 대해 털어놨다. 마음이 편안했다.**(수현)**

내가 이때까지 살면서 일어났던 싸움이나 갈등을 생각하게 되었다. 초등학교 3학년 때부터 늘 친구들과 반에서 갈등이 생겼는데 거의 나 때문에 일어난 일이었다. 내가 살면서 후회된 것이 이간질한 것이었다. 절을 할 때 나 자신의 말을 듣지는 못했지만 나뿐만 아니라 친구들도 나를 이해하고 용서해 주었으면 좋겠다. 또 내가 이때까지 쌀쌀맞게 굴었던 점이나 나쁘게 대한 점, 괴롭혔던 점은 결국 내가 나한테 침 뱉는 일인 것 같아 모두 반성하게 되었다.**(정은)**

명상을 끝내고 나니 마음이 후련해진 것 같다. 국사 수업은 우리나라의 역사뿐만 아니라 우리가 어떤 마음을 가지고 살아야 하는지 알려 주는 수업이라는 생각을 했다.**(경원)**

어렸을 때 친구 집에서 장난감을 훔치다가 걸려서 엄마에게 무지 혼났던 기억이 떠올랐다. 난 나에게 절을 하면서 그때 창피하고 부끄러웠던 나를 용서해 달라고 하였다. 그랬더니 의자에 앉아 있던 내가 "괜찮다. 네가 얼마나 갖고 싶었으면 그랬겠니." 하면서 용서해 준다면서 나를 일으켜 주었다. 그래서 죄책감이 없어진 것 같았다.**(철웅)**

생활명상

04

참회와 용서의 명상

눈을 감고 현재 앉아 있는 몸의 크기를 확인해 보세요. 그리고 힘을 빼고 안내에 따라해 보세요.

몸이 점점 확대되어 나갑니다.
교실만큼 커지고 운동장만큼 커집니다.
서울시만큼, 우리나라만큼 커집니다.
더욱 확대되어 지구만큼 커집니다.
이제는 지구를 넘어 내 몸이 우주를 향하여 확대되어 갑니다.

109

내 속에 달이 들어오고 수많은 별들이 들어오는 듯합니다. 우주에 있는 온갖 은하계도 다 들어왔습니다. 나는 우주보다 큰 몸이 되었습니다.

이렇게 넓어진 몸과 마음으로 현재의 자신을 바라봅니다. 어릴 때부터 지금까지의 자신의 모습을 떠올리며 위축되어 있거나 열등감을 느끼고 있는 모습 또는 죄의식을 느끼고 있거나 외로워하거나 슬퍼하는 모습 등을 생각해 보세요.

자기 속에 들어 있는 여러 모습의 자신을 가만히 안아 봅니다. 마치 엄마가 아이를 안아 주듯이 그렇게 안아 줍니다.

다시 한 번 더 하겠습니다.

여러분이 앉아 있는 몸의 크기를 생각해 봅니다. 지금부터 그 몸이 점점 확대되어 나갑니다. 교실만큼 커지고 운동장만큼 넓어집니다.

서울시만큼, 우리나라만큼 커집니다.

더욱 확대되어 지구만큼 커집니다.

생활명상

이제는 지구를 넘어 내 몸이 우주를 향하여 확대되어 갑니다.

내 속에 달이 들어오고 수많은 별들이 들어오는 듯합니다.

이렇게 넓어진 몸과 마음으로 여러분 자신을 가만히 안습니다. 마치 엄마가 아이를 안아 주듯이 그렇게 안아 줍니다.

어떤 잘못이 있더라도 무조건 용서해 주고 위로해 줍니다.

이 기회에 지금까지 여러분 마음을 무겁게 하고 죄의식을 느끼게 하였던 일들을 큰 자신에게 고백해 봅니다.

남을 욕하거나 이간질하거나 한 입에 두 말 하거나 욕을 하거나 해서 자신도 남도 괴롭게 한 일이 있으면 고백해 보세요.

아무한테도 말못한 것을 명상 속에서 큰 자신에게 고백해 보세요.

또 싸움을 해서 자기 자신과 타인을 괴롭혔거나, 남을 미워해서 마음이 괴로웠거나, 욕심을 많이 내어 스스로를 힘들게 했거나, 시기하거나, 질투를 했거나, 도둑질 했거나, 자신의 양심의 가책을 받은 일이 있으면 해당되는 사람을 불러 마음을 고백해 보세요.

자신의 잘못으로 부모님이나 형제 친구들과의 인간관계로 힘들었던 일이 있으면 그것도 고백해 보세요. 아무에게도 말못한 자신만의 무거운 일들을 명상 속에서라도 말해 보세요.

명상 속에서의 참회는 스스로를 용서하는 과정이기도 합니다. 자기를 받아주고 용서하지 못하면 타인도 자신을 용서하지 못할 뿐만 아니라, 자신이 다른 사람의 실수도 용서하기 힘듭니다.

상대방에게 직접 말을 못했지만 내 기억 속에 있는 대상에게 용서를 구한다는 것은 바로 내가 나를 용서하는 일이지요.

[명상 소감]

확대 명상은 내 몸과 마음이 확대되어 다른 몸이 되었다는 느낌이 들었다. 내가 우주에 떠 있는 듯한 느낌도 들었다. 명상을 하는 순간 내가 그 동안 잘못했던 기억들이 떠올랐다. 부모님과 할아버지 할머니께서 내가 바로 잘 크라고 말씀하시는 것도 떠오르고, 화내고 반항했던 일들과 친구들과 말싸움도 하고 몸싸움도 하던 것들이 떠올랐다. 우선 나는 우주만한 나에게 나의 잘못을 말하고 용서를 빌었고 또 사람들을 불러 잘못과 용서를 빌고 나니 마음이 한결 편안해지고 기분도 좋아진 것 같다.(길이)

친구들과 만나면서 명상을 시작한 지 거의 일 년이 다 되어 간다. 그 동안 2학년이 되면서 불편해했던 교우관계가 많이 발전한 것이 놀라웠다. 명상을 하면서 고쳐진 것 같다. 명상을 할 때만큼은 나 자신에게 무슨 원인을 갖고 있었는지? 왜 그렇게 행동했었는지 알게 되어 마음이 정리가 되면서 불안했던 것이 점점 평화로워진다. 나보다 공부를 잘하는 친구가 부러워서 질투하면서 좋지 않은 말을 했던 것, 부모님의 잔소리가 듣기 싫어 일부러 반항했던 것, 순간순간 내 마음 속에 담아 놓던 부정적인 생각들이 정리가 되면서 더불어 내가 편안할 수 있어 감사하다.(수아)

창문 밖에 쓰레기 버린 것을 용서했다. 그리고 선생님께

벌을 받던 나를 위로해 주었다. 부모님께 혼이 나던 나에게 충고와 위로를 해 주었다. 성적이 낮아 걱정하던 나에게 더 잘 하라고 격려를 해 주었다. 가게에서 물건을 몰래 훔치던 나를 용서해 주었다. 매일 컴퓨터만 하는 나에게 공부하라고 말해 주었다. 남을 괴롭히지 말라고 말해 주었다.(상백)

05

오늘 일어난 감정을 내일로 미루지 마세요.
그래야 온전한 내일을 맞이할 수 있으니까요.

상처 준 사람을
용서하는 명상

우리는 가까이는 부모 형제 친척으로부터, 친구 선배 선생님 이웃 등 많은 사람들과 관계를 맺고 살아가는데 만남이 기쁠 때도 있고 슬플 때도 있습니다.

미워하는 사람도 있고 좋아하는 사람도 있고 아픔을 주고 상처를 준 사람도 있습니다. 미움의 감정이 많으면 나는 미움의 사람이지요. 그 미움의 감정은 내 마음 속에서 일어나기 때문입니다.

미워하는 마음, 부정적인 마음을 밝히는 방법은 나를 아프게 하는 사람을 용서하는 일입니다.

지금부터 나를 아프게 하고 슬프게 했던 사람이 어떤 사람이 있는지를 생각해 봅니다. 그리고 용서의 고백을 해 봅니다.

상처를 입었을 때의 상황을 떠올려 보며 상대방의 어떤 행위가 나에게 상처가 되었는지 생각해 보고 대상이 되는 사람의 얼굴을 떠올리며 내가 나를 용서하듯이 상대를 이렇게 말하면서 용서의 마음을 내 봅니다.

"욕을 해서 마음에 상처를 준 덕심이를 용서한다."
"욕을 해서 마음에 상처를 준 덕심이를 용서한다."
"욕을 해서 마음에 상처를 준 덕심이를 용서한다."

한 가지 일에 대해서 열 번 이상 마음의 변화가 있을 때까지 용서한다는 말을 하고, 또 다른 일이 떠오르면 그 사실을 가지고 열 번 이상씩 용서한다고 말해 봅니다. 큰 소리로 말하면 더 좋지만 옆 사람을 생각해서 여럿이 할 때는 마음으로 하고 집에서 혼자 할 때는 큰 소리를 내어서 해 봅니다.

이런 용서의 말을 하면서 내 마음이 어떤 반응을 하는지도 봅니다. 용서의 마음이 생기는지, 아니면 하릴없는 짓이라고 의심을 하는지, 용서의 말에 대한 자신의 반응을 알아차리면서 해 봅니다.

비록 내키지 않는 마음일지라도 의도적으로라도 염불을 외듯이 앞에서 말한 것처럼 용서한다고 해 봅니다.

응어리진 마음으로 욕하고 미워하는 대신에 용서의 마음을 베풀어 봅니다. 그리고 상대가 준 아픈 기억을 놓아 버린다고 고백해 봅니다.

"덕심이에게 욕먹은 기억을 놓아 버린다."
"덕심이에게 욕먹은 기억을 놓아 버린다."
"덕심이에게 욕먹은 기억을 놓아 버린다."

마음에 변화가 없이 여전히 용서가 안 된다면 스스로에게 물어 봅니다.

이 상처의 기억은 어디서 왔는가?

그 사람에 대한 어떤 불만이 있기에 용서가 안 될까?

무엇이 아픔의 기억으로 남게 하는가?

대상에 대해서 어떤 생각을 하고 있기 때문에 이렇게 용서가 안 될까?

어떤 대상에 대해 아픔의 기억을 가지고 있으면 그 대상을 생각할 때마다 마음이 불편해집니다. 현재 그 사람이 나에게 해를 끼치지 않는데도 말이지요.

아픈 상처를 안고 있으면서 비슷한 상황이 오면 상처가 재발되고 점점 그 상처가 커지게 됩니다. 그런데 잡고 있던 생각을 버리면 어떻게 될까요?

어떤 사람이 손으로 어디를 만지기만 하면 손이 아프답니다. 그릇을 만져도, 의자를 만져도, 탁자를 만져도 손이 아파옵니다.

118

왜 그렇게 손이 아플까요?

탁자가 그를 아프게 했을까요?

의자가 그를 아프게 했을까요?

그의 손이 상처를 입었기 때문에 그 손으로 만지는 것마다 자기가 아프게 된답니다.

인간관계를 통해서 아픈 것은 대부분 이같이 자기 상처가 있어서 아프답니다.

자신이 바라는 자기 이미지가 손상되었다고 생각할 때도 상처를 입고, 교육이나 주변 환경의 영향으로 스스로 규정해 놓은 도덕률을 어긴 행위에 대해 가지는 죄의식도 일종의 상처이지요.

이러한 상처의 치유를 위해 용서의 명상을 하였답니다.

저절로 용서가 안 될 때는 이렇게 인위적으로 마음을 내서라도 자기를 용서하고 타인을 용서하는 공부를 해 보세요.

한 번으로 잘 안 되면 여러 번 의도적으로 훈련삼아

119

해 보세요. 잠자기 전에 꼭 그날에 일어난 감정은 그날 해결하도록 해 봅시다.

오늘 일어난 감정을 내일로 미루지 마세요. 그래야 온전한 내일을 맞이할 수 있으니까요.

[명상 소감]

나는 전에 한 선생님께 상처를 받았다. 별거 아니지만 머리를 손바닥으로 맞았는데 정말 창피하고 그 선생님께 욕을 하고 싶었다. 요즘 그 선생님을 보면 괜히 기분이 나빠진다. 그런데 지금 명상을 하고 나서 생각해 보니 내가 마음이 좁았나 싶다. 그래도 쉽게 그 상처를 버릴 수는 없을 것 같다.**(미상)**

내 가슴에 크나큰 상처를 입혔던 정이를 용서했다. 종교를 처음으로 알게 해 준 친구지만 친구의 연을 끊어 버린 아이. 그런 아이에게 용서한다고 서른 번을 읊조렸다. 말할 때마다 내 가슴 속에 있는 그 아이에 대한 나쁜 감정이 조금씩 사라진다는 느낌을 받았다. 나는 정이가 남긴 아픔을 놓아 준다고 하니 말할 때마다 내 가슴의 상처가 조금씩 치유됨을 느꼈다.**(맑음이)**

언니는 맨날 때리고 나한테만 다 시킨다. 명상을 할 때 처음에는 언니가 싫었는데 그냥 하다보니까 조금씩 조금씩 미운 감정을 버릴 수 있었다. 그런데 이 명상을 하고 난 다음에 또 미운 감정이 생기면 혼자서 명상을 하면서 미운 감정을 없애 보겠다.**(샘이)**

명상의 효과인지 아니면 기분 탓인지는 모르겠지만 내가 엄청 미워하는 사람을 조금은 용서가 된 것 같다. 모든 것이 용서가 된 것은 아니지만. 아픔을 놓아 버린다고 할 때는 별 느낌이 없었다. 놓기 싫다. 놓을 수 없겠다 싶은 생각도 있었기 때문이다.**(지혜)**

06

몸은 마음의 그릇인데 미움으로 가득찬 사람은 어떤 사람
일까요.

용서가 안 될 때 하는 명상

나는 어렸을 때 단칸방에 살았다. 아파트에 살고 싶었
는데 그렇게 해 주지 못할 뿐만 아니라 내 동생 낳았을
때 이해하는 건 동생뿐이고 동생이 아무리 나쁜 일을 해
도 무조건 내 탓이다. 난 이런 것이 정말 싫다. 아빠는
적어도 동생이 잘못 하는 것에 대하여 야단을 쳐야 되지
않나요? 무조건 동생만 좋아한다.

또 한 가지, 아빠 있을 때는 컴퓨터는 동생만 할 수밖
에 없다. 왜냐하면 동생이 컴퓨터를 하고 있을 때 아빠는
동생 하라고 "내비 둬"라고 말하는데 내가 하고 있으면
동생이 고자질해서 컴퓨터를 자기가 한다. 아무리 나이
차가 나도 "규칙은 제대로 지키도록 해 주세요"라고 말

하고 싶다.

　내가 일곱 살 때 인천 부평에서 살았다. 이때 엄마한테 죽도록 제일 많이 맞았다. 이유는 방 안 치운다고, 놀기만 한다는 이유다. 그런데 내 동생은 절대 못 때린다. 그 이유는 아빠가 못 때리게 한다. 그래서 동생은 안 때리게 된다. 이런 부모님을 용서하라고요?

　이 사람처럼 용서하고 싶지만 용서가 되지 않을 때가 있습니다. 미워하지 않았으면 좋겠는데 나도 모르게 미워집니다. 미움을 버리려 해도 버려지지 않습니다. 이럴 때는 어쩌지요? 오늘은 이러한 문제를 가지고 명상을 해 보세요.

　마음에 미움의 대상, 용서가 되지 않은 대상이 있나요? 어떻게 하면 미움이 사라질지, 어떻게 하면 용서가 될지 자신에게 물어 보세요. 내 마음을 말도 잘못 하는 나의 어린 동생이라고 생각하고 말을 걸어 보세요.

　미운 마음아! 너를 어떻게 도우면 위로가 되겠니?

　또는 원하는 것이 무엇인지 물어 보세요.

용서하지 못하는 마음아, 네가 원하는 것이 무엇이니?

어떻게 도우면 위로가 되겠는지도 마음에게 물어보세요.(1~2분 정도 명상시간 갖기)

마음과 대화가 잘 되었는지요? 혹시 대화가 잘 안되어 아직도 그 마음 그대로인가요?

좋지 않은 감정이 끈질기게 남아 있는 경우는 대개 과거에 어떤 대상에게 하고 싶은 말이나 하고 싶은 행동을 못하고 억눌렀을 때가 많습니다. 그때의 그 속상한 감정, 억울한 생각이 풀리지 않고 응어리로 남아 있어 그 기억이 자꾸 작용하기 때문이지요.

지금이라도 그때의 그 상황으로 돌아가 일어난 감정을 충분히 느끼고 받아주면 미움의 감정이 미운 기억을 안고는 떠날 경우가 있답니다.

미운 사람, 용서가 쉽게 되지 않은 사람을 떠올려 보세요. 그리고 그 사람에게 하고 싶은 말을 해 보세

요.(1~2분 각자 명상)

대화를 나누었는지요? 할 말을 했나요?

여러분의 말에 대해서 상대방은 무엇이라고 말하던 가요? 그래도 마음이 편안하지 못한가요?

이번에는 그 사람에 대한 감정의 덩어리를 진흙 덩어리로 표현해 보세요. 크면 크게 작으면 작게 감정의 진흙 덩어리를 만들어 보세요. 감정의 덩어리를 손에 들고 있습니까? 감정의 덩어리에 이름을 붙여 보세요. 미움의 덩어리인가요? 원망의 덩어리인가요? 짜증의 덩어리인가요?

여러분 앞에 강물이 흘러가고 있습니다. 이제부터 그 감정의 진흙 덩어리를 물에 풀어 흘려 보내겠습니다.

누구에 대한 증오의 감정, 미움의 감정, 복수의 감정이 나로부터, 기억으로부터 나와 멀리 떠나기를 바라면서 그 감정의 덩어리를 강물에 풀어서 흘려 보내 보세요. 뿌연 감정의 찌꺼기들이 강물을 채우고 흘러

125

가면서 점점 덩어리가 작아지더니 다 없어지고 강물
도 푸르게 흘러가고 있습니다.

그래도 감정의 찌꺼기가 남아 있나요?

그러면 이번에는 어떤 사람에 대한 부정적인 감정
이 가슴에 검은 먹구름으로 들어 있다가 연기가 되어
가슴에서 빠져나가 사라지는 것을 상상해 보세요.

그 연기가 다 사라질 때까지 집중해서 바라보세요.

연기가 사라지면서 마음의 상태가 어떻게 변하는지
도 바라보세요.

몸은 마음의 그릇인데 미움으로 가득 찬 사람은 어
떤 사람일까요. 미움의 사람이지요.

모든 부정적인 마음들을 흘려보내고 여러분의 몸은
사랑마음을 담는 사랑이 되시기 바랍니다.

[명상 소감]

2학기에 들어서 정말 싫어진 사람이 있다. 명상을 한 번

126

해서 그 사람에 대한 화가 풀릴지 의심했는데 약간은 풀렸다. 그 사람에게 하고 싶은 말을 마음껏 하였다. 그 사람에 대한 감정은 분노였는데 그 분노 감정 진흙 덩어리를 녹여 버리니 한결 더 마음이 산뜻해졌다. 완전히 용서는 못했지만 화는 좀 풀렸다. 이제는 만나더라도 인사 정도는 할 수 있을 것 같다.(거울)

내가 미워하는 사람에게 명상을 통해 대화를 해 보았다. 대화를 통해 나는 그 사람에 대한 싫어하는 마음을 쏟아내었다. 실컷 이야기하고 나니 마음이 좀 풀린 것 같다. 미워하는 감정을 묻어 두고 항상 그 사람을 혼내고 싶은 기분이라 별로 사이가 안 좋았는데 이렇게 마음 속에 있는 것을 말하고 나니 미운 감정은 좀 풀렸는데 아직 완전히 없어진 것은 아니다.(진기 명기)

그 사람에게 쌓였던 불만을 다 털어 놓고 이야기하고 나니까 속이 시원했다. 미운 감정이 새록새록 솟아나는 것은 정말 그 사람에 대해 내가 가지고 있는 생각 때문인 것 같다. 그 사람만 떠올리면 그 사람에 대한 나쁜 인상만 기억되어 자꾸 미워하게 되기 때문이다.(은혜의 정원)

07

가짜를 지우고 버리기 명상

자! 이 지우개를 보세요. 이것을 뒤로 감추겠습니다. 방금 본 지우개가 생각나나요? 잘 안 떠오르면 다시 한번 하겠습니다. 모양과 색깔을 잘 보세요.

다시 뒤로 숨기겠습니다. 방금 본 지우개의 모습이 떠오르나요? 뒤에 있는 지우개가 진짜인가요? 머릿속에 있는 지우개가 진짜인가요?

손에 들고 있는 것이 진짜이고 기억 속의 지우개는 가짜이지요.

이제 눈을 감고 머릿속에 새겨진 지우개를 머리에

서 빼서 손에 쥐어 보세요.

지금 여러분 옆에는 모닥불이 타오르고 있습니다. 이 지우개를 타오르는 모닥불에 던져 보세요. 잘 타나요?

이번에는 그 지우개를 종이배에 띄워 흐르는 강물에 보내 보세요. 잘 떠내려가나요?

이번에는 지우개를 공중에 던져 보세요. 폭풍이 불어와 그 지우개를 휩쓸어 가네요.

또 흘러가는 용암을 상상해 보세요. 그 용암에 지우개를 던져 보세요. 지우개가 타서 사라지나요?

이번에는 큰 염산통이 있습니다. 그 속에 물건을 넣기만 하면 형체가 사라집니다. 지우개를 염산통에 넣어 보세요. 연기가 나면서 사라집니다. 사라졌나요?

이제부터 본격적인 실습을 해 보겠습니다.

눈을 감고 내가 살아가는 데 또는 우리가 살아가는 데 크게 도움이 되지 않고 오히려 사람들을 해롭게 하는 물건이라고 생각되는 것을 떠올려 보세요.

담배, 본드, 술, 포커, 총기 등등 여러 가지가 있겠지요. 이 해로운 물건을 방금 지우개를 태우고 날려버리듯이 없애버리는 실습을 하도록 해 보겠습니다.

가짜 지우개 없애기를 연습한 것처럼 녹이고 날려버리고 태워 버리고 흘려 보내 보세요.

없애는 방법은 여러분이 창의적으로 만들어내도 상관 없습니다.

생각은 무엇이든지 할 수 있지요. 빛보다 더 빠르지요. 못 가는 곳이 없지요. 그야말로 전지전능하지요.

이 생각의 능력을 발휘하여 마음껏 해로운 물건들을 정리해 보세요.

[명상 소감]

내가 공부할 때마다 방해하는 컴퓨터와 핸드폰을 용암 속에 빠뜨려 없애버렸고 멜라민, 광우병 소와 같이 우리의 건강을 해치는 나쁜 음식들도 불에 태워 버렸더니 연기를 훨훨 내며 타버렸다.(은반위의 구슬)

나는 컴퓨터를 용암에 던져 보기도 하고 바다에 빠뜨리기도 하고 망치로 부수기도 하고 별짓을 다했지만 어떻게 해도 머릿속에서 컴퓨터는 사라지지 않았다. 기분이 참 묘했다. 결국 포기하고 이번엔 만화책과 TV를 없애고 벼락에 맞게도 해 보고 핵폭탄도 터트려 보았지만 TV는 없어져도 만화책은 사라지지 않고 계속 맴돌았다. 참 기분이 씁쓸했다.**(철인)**

컴퓨터를 망치로 부숴 버리고 접은 후 용암에 넣어 버렸다. 순식간에 녹진 않았지만 결국 녹았다. 담배는 너무 많은데 불에 넣을 수 없으니 회오리바람에 실려 보냈다. 술을 불에 넣었더니 불이 크게 나서 멋있었다. 그래서 계속 넣었더니 지구를 덮을 뻔했다.**(미상)**

나는 세상에 있는 필로폰, 텔레비전에서 보던 마약을 다 모았습니다. 그리고 그것을 흘러내리는 용암 속에 던져 넣었습니다. 넣겠다는 생각을 하니 그냥 날아 들어가 녹는 것 같습니다. 그리고 담배를 그렇게 불에 태웠습니다. 정말 명상에서와 같이 이런 나쁜 것을 처리할 수 있으면 세상이 금방 좋아지겠다는 생각이 듭니다.**(맑은 물)**

08

어떤 사람에 대해 화가 나는 것은 상대방 때문이 아니라
나의 생각 때문인 것을 잊지 마세요.

미운 사람에게 대화걸기 명상

미워하는 사람, 싫어하는 사람, 만나고 싶지 않은
사람을 떠올려 보세요. 기분이 어떤가요? 별로 좋지
가 않지요. 지금 그 대상이 여기에 없는데도 그 사람
을 생각하면 기분이 나빠지는 이유가 무엇일까요?

그 사람이 기분 나쁘게 하나요? 무엇이 그렇게 하
나요?

기분 나쁘게 하는 주범은 누구일까요?

바로 그 사람에 대한 생각이 아닐까요?

그 사람에 대한 기억이 아닐까요?

어떤 기억일까요?

도대체 어떤 기억이 머릿속에 입력되어 있을까요?

어떤 사연이 기록되어 있겠지요?

그 사람이 잊을 수 없을 정도로 미운 것은 풀리지 않는 감정의 응어리가 마음 속에 저장되어 있기 때문이겠지요.

마음을 불편하게 하였던 상대방의 행동이나 태도가 마음에 들지 않아 화가 났겠지요.

그럼에도 당시에 화가 난 감정, 불편한 감정을 표현하지도 못하고 참고 있었거나 상대방의 힘이 나보다 세기 때문에 무서워서 말을 못했을 경우도 있겠지요.

이렇게 풀지 못한 응어리진 마음이 내 속에 남아 있으면, 내가 기억하고 있는 사람과 모습이나 느낌이나 목소리가 비슷해도 그때 풀지 못한 감정이 나오는 수가 있답니다. 화가 나거나 저항하고 싶거나 보기 싫거나 하지요.

그렇게 되면 사람 관계가 좋아지지 않겠지요. 이런

일이 일어나지 않게 하기 위해서, 누구를 대하든 친절하고 편안한 마음으로 만나기 위해서는 이렇게 숨겨진 감정의 응어리를 풀어내야 하겠지요.

아픈 기억을 일으키게 하는 과거 사건들을 재현해서 그 감정을 받아주고 이해하고 위로해 주면 미움이 좀 덜하지 않을까요?

명상을 통해서 한번 실험해 보도록 해봐요.

온몸에 힘을 빼고 마음에 걸리는 사람이 있으면 떠올려 보세요. 특히 미워하는 사람이나, 보고 싶지 않은 사람을 떠올려 보세요.

해당되는 사람에게 하고 싶은 말을 해 보세요. 그때 못다 했던 말이나 행동을 해 보세요.

자기를 왜 괴롭게 했는지 물어 보기도 하세요.

시간을 줄 테니 하고 싶은 말, 하고 싶은 행동을 마음껏 해 보세요.(1분 명상)

이번에는 그 당시 머릿속에 남아 있는 자신의 모습

을 바라보세요.

화가 난 모습인가요?

울고 있는 모습인가요?

분통 터져 하는 모습인가요?

억울해하는 모습인가요?

그 모습을 사진을 찍어 보세요. 그리고 그 사진을 불에 태워 버리든지 태풍에 날려 버리든지 물에 흘려 보내 버리세요.

다시는 그러한 자신의 모습이 마음 속에 남아 있지 않게 이 방법 저 방법으로 과거의 모습을 떠나 보내세요.

다시는 과거의 모습이 기억 속에 남아 영향을 미치지 않도록 내 보내세요.

자신이 제일 잘 하는 방법으로 해 보세요.

그리고 감정 지우기 대상이 되는 사람들을 '사랑합니다'라는 말을 하면서 안아 보세요.

안을 때 마음의 상태를 놓치지 않고 바라보세요.

아직도 미워하는 마음이 남아 있으면 다시 명상 상태에서 할 말을 하고, 이렇게 마음이 잘 풀리지 않는 이유를 스스로에게 물어 보세요.

상대방에 대한 부정적인 감정이 누그러진 사람들은 조만간 직접 전화를 하든지 메일을 보내든지 하여 화해의 메시지를 보내 보세요.

어떤 사람을 생각만 해도 화가 나는 것은 상대방 때문이 아니라 나의 생각 때문인 것을 잊지 마세요. 그래서 너를 탓하기 전에 내 탓임도 기억하세요.

사실은 네 탓도 내 탓도 아니지요. 여러 원인 되는 조건이 결합하여 일으킨 자연 현상이지요.

이것을 연기법칙이라 하지요.

[명상 소감]

나는 지난번 영어시험을 잘 못 봤다며 나를 혼낸 엄마와 어제 우리 반을 혼냈던 학원 영어선생님이 바로 떠올랐다.

우선 나는 나를 혼내고 있는 엄마에게 그때 하고 싶었던 말을 했다. 그래도 많이 틀린 건 아니라고. 다른 건 잘했는데 왜 칭찬은 안 해 주면서 영어만 그러냐며 하고 싶었던 말을 했다. 그 다음 영어시험지와 위축되었던 나의 사진을 불에 넣어 시원하게 사라지는 것을 보았다. 그리고 영어선생님께도 하고 싶었던 말을 한 후 그날 영어수업 장면의 사진과 위축되었던 내 모습을 염산통 속에 넣었다. 연기가 되어 사라졌다. 이 명상을 하고 나니 속이 시원했다.(다혜)

부모님, 선생님, 친구들에 대한 짜증난 마음이 떠올랐다. 그 마음들을 맛있는 음식들로 만들어 내가 꿀꺽 먹어버렸다. 왜냐하면 그들에 대한 짜증남은 내가 뭔가 잘못 해서 생긴 것이기 때문에 꿀꺽 먹어 내 잘못을 고치기 위해서다. 그리고 나의 위축되고 막 짜증나는 모습을 사진으로 찍어 갈기갈기 찢어 태워버렸다. 그 다음 부모님, 선생님, 친구들을 한번씩 꼭 안아 주면서 느낀 것인데 그 사람들을 대하는 나의 태도를 생각해 보니 나의 행동들도 그들에게 해를 미쳤던 것 같다. 그래서 안아 주는 내내 미안했다.(불꽃)

09

자비 빛 명상

자세를 바로 하세요. 허리를 펴고 온몸에 힘을 빼세요. 머리에서 발끝까지 힘이 들어갔는지 확인해 보세요.

정수리, 이마, 눈썹, 코, 양쪽 볼, 윗입술, 아랫입술, 턱, 다시 머리 전체를 밖에서부터 속으로 살피고 무슨 느낌이 있는지 알아차리세요.

다음에는 목, 양쪽 어깨, 양쪽 팔뚝, 양쪽 팔꿈치, 양쪽 팔목, 양쪽 손목, 손등, 손바닥, 열 개의 손가락, 목에서 명치까지 몸통을 밖에서부터 안으로 살펴보시고, 명치에서 배꼽까지 사이의 몸통을 살피고, 아랫배, 엉덩이, 양쪽 허벅지, 양쪽 무릎, 양쪽 장딴지, 양쪽 발목, 발등, 발바닥, 열 개의 발가락, 그리고 몸통 전체를 한꺼번에 입체적으로 바라보세요. 이렇게 몸의 긴장을 풀고 안내에 따라 명상을 해 봅니다.

여러분 머리 위에 부드러운 태양이 떠 있습니다. 그 태양이 정수리로 해서 여러분 가슴에 들어왔습니다. 가슴에서 태양빛이 온몸을 통해 발산합니다. 빛의 몸이 되었습니다.

그런데 그 빛은 눈이 부시지 않는 따뜻한 빛입니다. 얼굴에 부드러운 미소를 지으며 빛의 몸을 감상해 보세요.

이제 그 빛의 몸에 현재 실재하는 여러분이 안겨 있다고 바라보세요. 따뜻한 미소를 보내며 스스로를 축복해 보세요.

"나 자신이 건강하고 행복하고 지혜롭기를!"

다음에는 가족을 빛의 몸으로 안아 봅니다. 따뜻한 미소를 머금고 가족을 안아 보세요. 마치 어머니가 사랑하는 아기를 안고 바라보듯이 그렇게 가족을 안고 축복해 보세요.

"어머니 아버지 건강하고 행복하세요."

빛의 몸인 나 자신의 축복 속에 엄마, 아빠, 형제, 자매도 빛의 몸으로 변하는 것을 바라보세요.

다음에는 여러분의 친척들을 빛의 품안에 안아 보세요. 미소를 머금고 친척들을 축복해 보세요.

"나의 친척들이 건강하고 행복하기를!"

다음에는 친구들을 안고 축복의 마음을 보내세요.

"나의 친구들이 건강하고 행복하기를!"

대한민국 땅덩어리를 안아 보세요. 한반도가 빛으로 빛나는 것을 마음의 눈으로 바라보면서 축복해 보세요.

"대한민국에 사는 모든 존재들이 건강하고 행복하기를!"

지구를 사랑의 마음으로 안아 보세요. 빛의 몸속에 들어온 지구가 빛나는 것을 바라보면서 축복하세요.

"지구에 있는 모든 존재들이 건강하고 행복하기를!"

다음에는 빛의 몸으로 우주를 안으세요. 우주에 있는 해, 달, 별 모든 은하계가 품속에 들어오는 것을 보면서 사랑의 마음으로 축복하세요.

"우주에 있는 모든 존재들이 건강하고 행복하기를!"

오늘의 사랑 마음 나눔 명상으로 마음 속에 사랑의 빛이 더욱 빛나기를 기원합니다.

[명상 소감]

해가 내 몸으로 들어와 내가 빛이 되어 모든 사람들을 끌어안는 명상을 했다. 처음에는 부모님을 끌어안고 형제, 친척, 친구, 선생님, 대한민국, 지구를 끌어안아서 결국 다들 빛이 되었고 그들에게 행복을 기원해 주었다. 명상을 할 때는 졸리지만 명상을 하고 나면 몸이 가벼워진 느낌이다. **(아름다운 이웃)**

내가 빛이 되어 남을 축복한다는 것이 처음에는 웃겼다. 하지만 나 자신을 축복하니까 정말 축복받은 것같이 행복했다. **(수경)**

항상 명상을 할 때는 기분이 좋고 특히 편안하다는 느낌이 들었다. 명상을 하며 잊어버렸던 엄마·아빠의 고마움, 가족의 고마움, 그리고 초등학교 때부터 날 열심히 가르쳐 주시고 사랑해 주신 선생님들의 얼굴도 모두 떠올랐다. 명상을 하면 주변의 고마우신 분들에 대한 사랑과 애정 그리고 살고 있다는 즐거움을 느끼게 해 준다.(세준)

안내하는 대로 명상을 하면서 내 품에 안긴 사람들에게 지금까지 진심이 담긴 말 한 마디 제대로 못했던 것 같다. 앞으로는 그때그때 마음을 담아 따뜻한 말로 해야겠다.(명화)

마음이 좀더 따뜻해진 것 같고 부모님을 더욱 사랑하게 되고 선생님에게는 고마운 마음이, 친구들에게는 미안해지고, 대한민국을 안으면서 통일이 빨리 되었으면 하는 마음이, 지구를 안으면서 이 지구 안에 있는 나라들이 싸움이 없고 평화로운 나라들이 되었으면 좋겠다는 생각이 들었다.(명현)

끌어 안는 사람 모두가 빛이 나고 나의 행복이 모두에게 가는구나, 나도 모두에게 행복을 줄 수 있는 소중한 존재라는 것을 깨달았다.(진영)

10
감사 명상

　허리를 펴고 눈을 감고 온몸에 힘을 빼세요. 먼저 몸 이완 명상을 하도록 하겠습니다.

　몸 세포 60조 개가 민들레 홀씨로 박혀 있다고 상상해 보세요. 그 몸으로 바람이 부는 언덕에 섰습니다. 바람이 불어오면서 몸의 세포가 떨어져 나와 바람에 흩어집니다.

　먼저 머리 부분의 세포가 다 떨어져 나가 허공이 되고, 목 부분의 세포가 떨어져 나가 허공이 되고, 양쪽 어깨, 두 팔에 붙어 있는 흘씨가 흩어져 두 팔이 허공이 되었습니다.

몸통에 바람이 집중적으로 불면서 몸통의 흘씨가 다 흩어져 몸통도 허공이 되었습니다.

다음에는 두 다리의 흘씨가 흩어져 내 몸은 사라지고 나는 허공이 되었습니다.

그러나 이 모든 것을 알고 있는 마음은 남아 있습니다. 계속 생각이 무엇을 하는지 놓치지 않도록 바라보면서 안내에 따라 명상을 해 봅니다. 오늘은 감사 명상을 하도록 하겠습니다.

감사라는 말을 하면 제일 먼저 떠오르는 사람이 누구인지 바라봅니다.

이 사람이 없으면 불편한 점들을 생각하면서 이분이 있어 감사한 점을 큰절을 하면서 고백하도록 하는 감사의 절 명상을 하도록 하겠습니다.

"엄마! 나를 이 세상에 태어나게 해 주셔서 감사합니다."

"젖 먹여 주시고 기저귀 갈아 주시면서 키워 주셔서 감사합니다."

"짜증을 받아 주셔서 감사합니다."

"잘 되라고 꾸중을 해 주셔서 감사합니다."

이렇게 한 분 한 분에 대해서 감사의 마음을 표현하며 절을 해 보세요. 절을 하면서 내 마음에서 일어나는 생각이나 느낌도 놓치지 말고 알아차리세요.

아빠, 형제, 친구, 선생님, 노동자, 농민……

생각나는 대로 시간의 여유를 가지고 감사의 명상을 해 보세요.

아무리 부자라도 욕심이 많으면 부족한 것이 많아 더 가지려 하고 더 채우려 하니 항상 부족하고 불만인 사람은 거지와 같지요.

반면에 가진 것이 적더라도 항상 다른 사람과 재물

을 나누고 마음을 나누는 사람은 진정으로 넉넉한 사람이지요.

작은 일에도 감사하고 범사에 감사하며 마음의 풍요를 나눔으로 스스로도 행복하고 주변 사람들도 더불어 행복하게 하는 아름다운 사람이 되시기 바랍니다.

[명상 소감]

내가 먼저 감사 드린 것은 나의 닌텐드 DS가 내 손에 오기까지의 과정을 생각하며 그 과정에 관련된 모든 사람들에게 감사를 드렸다. 이뿐만이 아니다. 게임기에 들어가는 소프트웨어, 칩, 맥들을 나에게 가져오는 과정을 생각했다. 그리고 내가 가진 물건들과 연관된 것들을 전부 생각하자니 수없이 많았다. 그래서 안 되겠다 하고 지구 앞에서 감사의 절을 올렸다. 이토록 모든 것들이 다 모두와 연계되어 있다는 것에 놀랐다.**(진영)**

엄마, 아빠한테 짜증내고 화내면서 나는 불행한 사람이라고 생각해 본 적이 있었는데, 명상해 보니 사랑하는 엄마,

아빠, 언니 그리고 집도 있는 행복한 사람이라는 생각이 들었다. 자주 싸우지만 만약 나한테 언니가 없었더라면 아마 친구가 있더라도 외로웠을 것이다.(소윤)

부모님에 대한 감사함을 생각해 보니 평소에는 느껴 보지 못했던 부모님의 소중함을 느낄 수 있었다. 동생들에 대한 감사함을 생각할 때는 지금처럼 동생들이 사랑스럽고 고마운 존재라는 것을 느껴 본 적이 없다. 친구들이나 선생님들에 대한 감사함을 생각할 땐 친구들에겐 조금 미안한 맘도 들었다. 고마운 친구들에게 잘해 주지 못해서.(은하수)

그리고 지금 이 시간에 자신의 임무를 다하고 있는 모든 분들에게 감사의 절을 했다. 그분들이 있어서 내가 이러한 환경에서 하루하루를 보내지 않나 하는 생각이 든다. 이분들에게 물질적인 선물을 하지 못하는 입장이라 감사하다고 힘내라고 하는 말 한 마디가 더 좋은 선물이 된 것 같다. 나도 커서 누구에게 감사하다는 말을 들을 수 있도록 자랑스러운 사람이 되고 싶다.(밝은 꽃)

11

오늘이 마지막 날이라고 생각한다면 용서 못할 일이 없고
나누지 못할 것이 없겠지요.

나눔 명상

허리를 똑바로 펴고 두 손은 가지런하게 무릎 위에
놓고 안내에 따라 긴장 이완 명상을 해 봅니다.

60조 개나 된다는 우리 몸의 세포가 꽃잎으로 되어
있다고 상상해 봅니다.

꽃몸이 되어 바람이 세차게 부는 바닷가 절벽 위에
서 있습니다. 두 팔을 벌리고 서 있습니다.

바람이 몸에 감기니 몸의 꽃잎 세포들이 날아갑니
다.

149

바람이 생각하는 신체 부위만 세차게 불어댑니다.

먼저 머리 부분에 세찬 바람이 불어와 머리에 있는 꽃잎 세포를 날려 버립니다.

바다 같은 파란 하늘로 분홍색 꽃잎들이 흩어져 날아가고 있습니다.

머리의 꽃잎 세포가 다 떨어져 나가 머리가 허공이 되었습니다.

목 부분의 꽃잎 세포가 바람에 날리고 목이 텅 빕니다.

잘 안 되면 그냥 힘만 빼세요.

두 팔에 바람이 불어와 꽃잎 세포가 다 날아가 버려 두 팔이 허공이 되었습니다.

양쪽 어깨에 바람이 세차게 불어 꽃잎 세포가 날아가 허공이 되고, 몸통에 바람이 불어 꽃잎이 다 떨어져 나가 몸통이 허공이 되었습니다.

아랫배 엉덩이에 바람이 불어 그곳에 있는 꽃잎이 떨어져 나가 허공이 되었습니다.

두 다리에 바람이 불어 그곳에 있는 꽃잎이 다 떨어져 나가 허공이 되었습니다.

내 몸은 사라졌지만 이런 생각을 하고 있는 것을 아는 마음은 남아 있습니다.

그 아는 마음으로 생각이 무엇을 하는지 보세요.

여러분은 바다 속의 작은 물고기 알입니다.

이제 알을 깨고 나와 어린 물고기가 되었습니다.

너무 작아 먼지같이 물 속에 떠 있습니다.

작은 몸이 점점 자랍니다.

손가락만하게 자라고 손바닥만하게 커지고 팔뚝크기 만큼 자랐습니다.

점점 더 자라서 내 몸 만큼 커지고 계속 자라서 대형버스 만큼 큰 몸이 되었습니다.

바다를 가르며 헤엄치며 살다가 어느새 수명이 다 되어 힘이 빠져 버렸습니다.

파도가 어느 바닷가 모래톱에 내 몸을 밀어 놓았습니다.

곧 숨을 거둘 것 같습니다.

내 몸은 신비한 효능이 있어 아픈 사람이 먹으면 치유가 되는 힘이 있습니다.

마음이 슬픈 사람이 먹으면 위로를 받고, 싸우는 사람이 먹으면 화해를 하고, 화를 잘 내는 사람이 먹으면 성격이 유순해지고, 배고픈 사람이 먹으면 든든해지고, 아둔한 사람이 먹으면 지혜로워지는 등 그 효능을 말로 헤아릴 수 없습니다.

생각만 하면 그냥 자신의 몸이 뜯겨져 생각하는 대상에게 전달된다고 할 때 각 몸 부위를 누구에게 나누고 싶습니까?

뼈 조각 하나 남지 않도록 자신을 다 나누어 보세요.

시간을 가지고 다 나누어 보세요.

몸을 주면서 어떤 생각과 느낌이 일어나는지 내 몸을 받은 상대방은 어떤 상태인지 마음의 눈으로 바라보세요.

또 그 상대방을 바라보는 내 마음은 어떤지도 바라보세요.

[명상 소감]

나의 몸을 병에 걸린 아이들에게 줘서 그 아이들이 완치되어 웃으며 지내는 것을 보았다. 병원에 있을 때는 놀지도 못하고 웃지도 않는 아이들이 나의 몸을 먹고 웃는 얼굴을 보니 보람 같은 것이 느껴졌다.(문희)

나는 직접 내 몸을 나누어 주었다. 내 팔은 팔 없는 장애인들에게 주고, 내 다리는 다리 없는 장애인들에게, 내 몸통을 열어서 장기가 필요한 사람들에게 기증을 하였다. 일 때문에 손가락 하나를 잃으신 큰아빠에게는 손가락이 생기기를 바라며 드렸다. 모두 필요한 사람에게 나누어서 기분이 좋고 뿌듯했다.(세영)

내 몸을 꽃잎으로 날려 버리고 물고기가 되어 몸이 커질 때는 정말 몸이 커지는 느낌을 받았다. 다른 사람에게 내 몸을 나누어 줄 때 처음에는 싫었다. 내 몸을 남에게 주기 싫었지만 주었다. 웬일인지 주고 나니 마음이 가벼워져서 기분이 상쾌해지는 것 같았다. 기쁜 마음이 들었다. 그리고

상상조차 못했는데 내 주변 사람들을 행복하게 해 주고 싶다는 생각이 들었다.**(혜미)**

부모님은 내가 시험공부하느라 새벽 1-2시까지 밤을 새면 거실에서 나를 묵묵히 기다려 주셨다. 나는 이런 부모님께 내 살을 드려 고통과 짐을 들어드리고 싶었다. 월드비전에서 후원해 주고 있는 아도포라 아이에게 나의 큰 몸을 떼어 나누어 주었다. 그 아이가 편안한 삶을 살았으면 좋겠다는 생각을 했다. 비록 내가 남에게 나의 몸을 나누어 주었지만 난 마음 속에 무언가 가득찬 것 같은 느낌이 들었다. 남에게 베풀면 행복을 얻는 것 같다.**(조아)**

12

죽음 명상

내일이 없다는 마음으로 오늘 일어난 모든 일들은 오늘 풀도록 해 보세요.

어떤 식의 죽음인지 모르지만 자신이 죽었다고 생각해 봅니다.

장례식이 치러지고 있습니다. 사람들이 나를 마지막으로 보려고 왔습니다. 내 시신이 들어 있는 관을 지나면서 인사를 하고 장례식장에 앉아 있습니다.

누가 왔는지 한번 둘러보세요. 그리고 누가 자신의 죽음을 제일 슬퍼하는지 보세요. 어떤 말을 하든지 간에 슬퍼하는 사람들을 위로하여 그들의 마음을 편안하게 해 주세요.

155

그리고 여러분과 평소에 사이가 좋지 않은 사람이 왔다면 역시 그들이 두고두고 미워하지 않도록 또 여러분 자신도 미안한 마음 없이 떠나도록 대화를 나누도록 해 보세요. 두 사람의 관계를 원만하게 잘 해결해 보세요.

미워하는 마음으로 세상을 떠난다면 영혼의 무게가 무거워 빛의 세상으로 가지 못하고 이 세상을 떠돌며 헤매는 귀신 같은 존재가 된다고 가정하고, 영혼이 빛이 되어 가볍게 이 지구를 떠나도록 살아오면서 미안했던 사람, 원한을 산 사람을 마음으로 불러 용서를 구해 보세요.

그들이 용서할 때까지 그들의 마음을 위로하고 진심으로 사과의 마음을 전해 보세요.

그리고 평소에 고마워하는 마음을 가지고 있었지만 아직도 고맙다는 말을 전하지 못한 사람이 있으면 고맙다는 말도 전하세요.

시간의 여유를 가지고 생각나는 모든 이들과 이별

의 시간을 가져 보세요.

가볍고 밝은 빛으로 지구와 지구에 있는 사람들을 떠나도록 마음의 부담을 다 꺼내 보세요. 죄의식도 훌훌 벗어 버리세요.(시간을 가지고 이별을 하세요)

자, 이별 인사를 다 나누었으면 이제 지구를 떠납니다. 장례식장에 온 사람들을 다시 한번 둘러 보세요. 그들을 바라보는 마음상태는 어떠한지요?

이제 식장을 떠나 하늘로 서서히 올라갑니다. 식장이 아스라이 보입니다.

살면서 자신이 아끼던 물건을 산 사람에게 다 주면서 떠나 보세요. 마음으로 생각만 하면 가진 물건이 그 사람의 것이 된다고 생각하고 다 나누면서 떠나세요. 줄 것이 없는 사람은 축복의 마음을 보내도 좋습니다.

점점 지구로부터 멀어지네요. 지구의 강과 산이 아스라이 보이네요. 이제 지구가 초록별처럼 아득히 멀리 빛나네요.

드디어 다른 별들에 가려 아예 보이지를 않네요. 해와 달과 수많은 태양계를 지나니 해도 먼지처럼 작게 보이고 태양계 은하계도 손바닥 만하게 보이네요. 갑자기 모든 은하계를 다 품은 우주보다도 더 큰 존재가 된 듯한 느낌이네요.

오늘 죽음 명상을 통해 사람들과 화해하고 용서하고 감사하는 계기가 되었으면 좋겠습니다.

오늘이 마지막 날이라고 생각한다면 용서 못할 일이 없고 나누지 못할 것이 없겠지요.

내일이 없다는 마음으로 오늘 일어난 모든 일들은 오늘 풀도록 해 보세요.

[명상 소감]

나는 사고를 당해 죽어서 관 속에 누워 있었다. 부모님께 내가 여태껏 마음 속으로만 옹알이하던 말 "사랑해요! 고

마워요"라는 마음을 전했다. 진짜로 부모님이 내가 죽었을 때 우는 모습을 생각하니 내 마음이 찡했다. 별로 친하지 않은 친구들에 대해서는 좀더 잘해 줄 걸 하는 마음이 들어 내 마음을 전했다. "너희들에게 좀더 잘 대해 주지 못해 미안하다." 나를 원망했던 친구들에게도 마음을 전했다. (세운)

가장 슬피 우는 분은 어머니시다. 더 잘해 주지 못해서 미안했다. 왜 먼저 가느냐며 슬퍼하셨다. 친구들 중 나를 괴롭혔던 친구는 괴롭혀서 미안하다고 하였다. 내가 마음의 상처를 준 친구가 왔다. 난 마음 속으로 괴롭혀서 미안하다고 사과했다. 친구도 그 마음을 알았는지 미소를 지었다. 형은 와서 미안하다는 말밖에 하지 않았다. 평소에 때리고 동생 대우를 못해 줬기 때문인 것 같았다. 난 가족에게 잘해 주지 못해서 마음 속으로 눈물을 흘리며 미안한 마음을 표현했다. 명상을 통해 보니 내가 사람들에게 피해를 준 것 같다. 특히 가족들에게 피해보다는 웃음을 선물로 주고 싶다. (민석)

내가 살아 있을 때, 가장 많이 싸우고 싫어한 사람 중 한 명이 언니다. 항상 모진 말로 나에게 상처를 주었던 언니였는데 내가 죽으니까 언니가 웬만해선 보이지 않던 눈물을 뚝뚝 떨어뜨리며 나에게 마음으로 말을 걸었다. "이 계집애야! 내가 확 죽어 버리라고 했을 때도 언니 죽기 전엔

절대 안 죽는다고 그래놓고 이렇게 먼저 가 버리는 법이 어디 있어. 그 동안 너 놀리는 재미에 살았는데!" 언니가 울부짖었다. 나는 언니를 위로하고 싶었지만 그저 미소를 지으며 사랑한다고 했다.(지수)

나의 죽음을 가장 슬퍼하는 사람은 엄마였다. 아무리 위로를 해도 울음이 그치지 않는다. 엄마가 자꾸만 미안하다고만 한다. 우리 집이 가난해서 나에게 해 준 것이 없이 그냥 보내서 미안하단다. 나는 이제 가난도 없는 하늘나라에 가니 울지 말라고 달랬다. 그제야 울음을 그쳤다. 나를 항상 괴롭혔던 친구도 와 있었다. 고개를 숙이고 있었다. 그 동안 서운했던 일을 말하고 다음에 나 같은 애를 애 먹이지 말라고 부탁하였다. 나는 가진 것이 없어서 나눌 것이 많지 않았다.(자연)

13

마음 주인이 몸을 떠나면 어떻게 될까요.

몸에 대한 감사 명상

오늘은 몸을 대상으로 미안한 마음과 감사한 마음을 전하는 명상을 합니다. 먼저 몸의 긴장을 푸는 명상을 하겠습니다. 안내에 따라 해 봅니다. 잘 안 되면 안내하는 신체 부위에 긴장을 푸세요.

집 가까이에 있는 공원에 서 있습니다. 비가 주룩 주룩 쏟아지고 있습니다.

내리는 비에 자동차 위의 먼지가 씻겨 내려가고 담장 위, 지붕 위의 먼지도 깨끗이 씻겨 내려갑니다.

여러분 머리 위로도 쏟아지는데 스펀지에 물이 스며들 듯 비가 몸으로 스며들면서 머리, 이마, 코, 빰, 턱, 어깨를 타고 온몸으로 흘러내립니다.

그런데 세포에서 검은 물이 나옵니다. 그 검은 물이 빗물에 씻겨 내립니다. 몸에 저장된 불순물이 녹아 쉴 사이 없이 검은 물이 되어 나옵니다.

억수같이 쏟아지는 빗물이 몸통을 타고 두 다리로 해서 발바닥으로 빠져 나가고 있습니다. 검은 물이 빠져 나가면서 머리 부분이 유리처럼 투명해졌습니다.

잘 안 되면 투명해졌나 보다 하고 생각하세요. 지금부터 이야기하는 부분을 바라보면서 느껴 보세요.

마음으로 떠오르지 않으면 해당 몸 부위에 힘이 들어가지 않게만 하세요.

목이 투명해지고 양쪽 어깨, 두 팔, 몸통, 엉덩이, 목, 두 다리가 투명해졌습니다. 몸이 없는 것같이 가볍습니다.

다시 한번 발 끝에서 머리 끝까지 마음의 눈으로 몸을 바라보며 몸에 긴장이 들어가 있는지 확인하세요. 그리고 몸을 가만히 느껴 보며 몸이 불편한 점이 없는지 살펴보세요.

각자의 잘못된 버릇이나 태도 등으로 몸이 좋지 않은 부분이 있는지 살펴보세요.

좋지 않은 신체 부위를 향하여 친구의 이름을 부르듯이 마음 속으로 눈이면 눈님이라고 부르면서 친구에게 자신의 잘못을 고백하듯이 눈을 약하게 하고 나쁘게 한 자신의 잘못을 고백해 보세요.

고백하면서 미안한 마음이 일어나면 미안하다고 말을 합니다. 컴퓨터를 많이 해서 눈을 혹사시켜서 미안하다든지, 책을 너무 가까이 봐서 시력을 떨어트려서 미안하다고 고백을 해 보세요.

그리고 눈이 무엇이라고 말을 걸어오는지도 바라보세요.

미안한 마음을 다 전하고 나면 또한 감사한 마음도

163

전해 보세요.

"눈님! 그렇게 내가 컴퓨터를 하느라고 혹사시켰는데 아직도 책을 볼 수 있을 정도로 건강해 주어서 감사합니다."

시간이 되는 대로 머리 끝에서 발 끝까지 얼굴에 미소를 띠고 사랑하는 사람을 바라보는 마음으로 신체 부위에 애정을 가지고 감사한 마음을 표현해 보세요.

"까만 머리칼이여, 제대로 자라 주어 고맙습니다."
"들을 수 있도록 해 주는 귀여, 감사합니다."
"냄새를 제대로 맡게 해 준 코여, 감사합니다."
"먹을 수 있게 해 주는 입이여, 감사합니다."
"맛을 느끼게 해 주는 혀여, 감사합니다."
"모든 것을 알게 해 주는 뇌여, 감사합니다."
"음식을 잘 넘겨 주는 식도여, 감사합니다."

한 가지만 예를 들었지만 '머리' 하면 머리와 연결되어 일어나는 감사한 점을 일일이 전해 보세요.

겉으로 보이는 부분이 끝나면 내장 기관까지 마음의 눈으로 바라보며 감사의 마음을 보내세요. 내장 기관을 잘 모르면 인체도를 앞에 놓고 해도 좋습니다.

예를 들자면 눈에 대해서 고백할 때 "눈님, 감사합니다. 아름다운 세상을 보게 해 주어서 감사합니다. 내가 바르게 길을 갈 수 있도록 사물을 볼 수 있게 해 주셔서 감사합니다. 매일 아침 식구들을 보게 해 주셔서 감사합니다." 이렇게 감사의 마음을 고백합니다.

몸은 마음이 거주하는 집입니다. 잘못된 버릇과 태도로 몸을 함부로 허물고 아무렇게나 하면, 우리가 명상을 할 때 내가 무엇을 하고 있는지 아는 내 속의 주인이 내 몸을 쓰고 싶지 않겠지요.

처음에는 가벼운 통증으로 신호를 보내다가 그래도 알아듣지 못하면 병으로 신호를 보내고, 그래도 알아듣지 못하면 질병으로 알려 주고, 그래도 알지 못하면

165

몸을 버리기 위해서 암 같은 고질병을 앓게 하지요.

진짜 주인인 마음이 편하게 거주할수록 몸을 소중하게 잘 가꾸고 간수하는 것은 건강하게 잘 사는 길이고 행복하게 사는 길이지요.

마음이 이 집에서 못살겠구나 하면서 떠나려고 하면 몸을 병들게 하여 스스로 몸을 파괴합니다. 그렇게 하여 마음 주인이 몸을 떠나면 어떻게 될까요. 죽음으로 가겠지요.

그만큼 몸은 내가 행복하기 위해서 소중하게 가꾸고 돌보아야 할 대상이지요.

오늘 명상을 익혀 가끔 생활 속에서도 실시하여 삶을 행복하게 가꾸어가는 데 활용하시기 바랍니다.

[명상 소감]

비가 몸을 씻겨 내리니 몸이 가벼워지는 듯했다. 선생님이 이야기하는 대로 각 몸 부분을 감사하다고 하니 정말 감사한 마음이 생기는 것 같았다. 농구를 하다가 다리를 다쳐 목발을 짚고 다니면서 참 불편하였다. 체육시간에도 친구들과 어울리지 못하고 그냥 바라보기만 하였다. 운동장을 뛰면서 축구하는 아이들이 부러웠다. 이제는 나아 활발하게 움직이지만 새삼 다리가 고마워 "다리님, 감사합니다"를 많이 했다. 다리가 사람처럼 웃는 듯했다. 우리 몸 하나하나에도 정신이 있고 인격이 있는가? 참 이상한 경험이었다.(완호)

몸이 사라지는 명상을 하였는데 눈, 코, 무릎, 척추만 그 자리에 남아 나를 꾸짖는 듯했다. 먼저 눈을 향해 미안한 마음을 전했다. 공부하고 책을 읽느라 눈을 피로하게 하였지만 컴퓨터 전자파에 의해 내 눈을 힘들게 해서 미안하다고 했다. 눈은 내게 말했다. 공부하거나 책을 읽을 때는 당연히 자신이 희생해야 하지만 컴퓨터를 쓰는 시간만 줄이라고 한다. 코에게도 미안한 마음을 전했다. 선천적이다시피 비염을 오래도록 앓게 해서 미안하다고 하니 코는 말했다. 그건 어쩔 수 없으니 옷을 따뜻하게 입고 몸을 따뜻하게 해서 나를 보호해달라고 하였다. 무릎에게도 미안한 마음을 전했다. 초등학교 때 무리한 운동으로 무릎을 다친 후 충분히 안정을 취하지 않아서 미안하다고. 척추에게는 나쁜 자세로 휘어지게 해서 미안하다고 하였다.(현규)

14

몸 돌보기 명상

모든 것을 기포화시키는 온천물에 몸을 담구어 보세요.
몸의 형체가 사라질 때까지 바라보세요.

지금 노천 온천탕에 왔습니다. 온천탕 주변에는 꽃이 피어 있고 새들도 노래하고 있습니다. 하늘은 파랗고 물도 파란 비취빛입니다. 이 물에 닿는 모든 것들은 다 기포가 되어 사라지는 신묘한 물입니다.

발을 담그세요. 발에서 기포가 생기면서 발은 어느새 사라졌네요.

무릎까지 들어가 보세요. 발목에서 무릎까지 사이에서 기포가 발생하면서 사라지네요.

허벅지까지 들어가 보세요. 역시 기포로 증발해서

다리 부분이 다 사라졌네요.

가슴까지 담가보세요. 흔들어서 마개를 딴 사이다 병에서 기포가 발생하듯 기포가 몸에서 나오면서 몸이 사라지는 것을 보세요.

목까지 담가 보세요. 두 팔에서, 몸통에서 기포가 발생하면서 몸이 사라지네요.

머리까지 다 담가보세요. 머리가 사라지나요? 몸이 가벼워진 느낌인가요? 마음상태도 점검해 보세요. 두려운지, 기분이 좋은지, 답답한지…….

느낌에 빠지지 말고 그 느낌들을 감상하면서 느낌의 변화를 관찰하세요.

다시 한번 몸에 긴장이 있는지 확인하고 계속 명상을 해 봅니다. 어디에든 좋습니다. 편안하게 누워있는 자신의 모습을 바라보세요.

지금 자기 옆에는 세상에서 가장 유명한 명의가 앉아 있습니다. 불편한 곳이 있어 말만 하면 의사선생님이 여러분 몸이나 마음을 치료해 준답니다.

아주 작은 불편함이라도 말해 보세요. 의사선생님에 대한 믿음을 가지고 자신을 맡기고 자신의 몸을 잘 살펴 불편한 곳만 알려 주면 치료를 해 줄 것입니다.

어떤 처방을 하는지 그리고 자신에게 선생님이 무슨 당부를 하는지도 귀 기울여 들어 보세요.

[명상 소감]

폐 부분을 치료해 주는 의사가 나의 폐를 치료해 주었다. 난 우리 아빠가 담배를 피우기 때문에 간접 흡연이 많았던 것 같다. 하지만 의사가 폐 진단을 해 주고 나의 폐에 안정감을 주고 폐를 고쳐 주었다. 담배에 오염된 것이 사라지는 듯한 느낌이다.(세원)

온천에 들어가 몸이 기포로 변하니 몸이 가벼워진 것 같았다. 오늘의 치유명상을 하면서 내 몸에 불편한 점이 참 많다는 생각이 들었다. 머리는 썩을 대로 썩었고, 팔 다리는 상처투성이고, 장기는 항상 피곤에 빠져 있는 상태이다. 의사는 나에게 약간의 휴식시간이 필요하다는 진단을 내려 주었다. 나는 이 명상을 통해서 내 몸에게 더 미안한 마음이 들었다.(재갈)

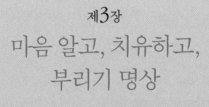

제3장
마음 알고, 치유하고,
부리기 명상

이 장은 건강한 마음과 건강한 몸을 관리하기 위한 명상 활용 사례이다. 90
년부터 시작해 온 마음공부, 상담공부 과정에서 스스로 활용해 본 내용들이
다. 읽어 보면서 실습해 보고 각자에 맞는 내용으로 수행에 활용하고 그 결과
는 스승으로 삼고 있는 분들께 점검을 받아 교정할 것은 교정하고 지속적으
로 할 것은 수행방편으로 활용하기를 권한다.

01

생각의 틀에 갇혀 있으니 사사건건 부딪히게 된다.

강박관념 풀기 명상

억울한 일을 당했거나 사람에게 배신감을 느꼈거나 꼭 시험에 합격해야 하는데 안타깝게 떨어졌을 때와 같이, 과거에 만났던 사람이나 과거에 있었던 사건이라는 대상에 집착하고 있다면 앉으나 서나 생각이 그 일이나 사람에게 쏠려 있어 현재의 삶이 고통스러울 때가 있다.

인간의 생명은 에너지가 있어야 존속되는 것인데 밑 빠진 독에 물을 넣으면 그대로 빠져 나가듯 두루 사용되어야 할 에너지가 과거와 미래에 집착하는 생각이란 구멍으로 빠져 나가 버려 일상생활을 할 여력이 없을 때가 있다.

달리 표현하면 생각이란 괴물이 활동의 동력인 에너지를 다 빨아 들여 생각을 하면 할수록 생각만 더 크게 되어 생명력이 고갈되어지니 알아차림의 힘도 그만큼 약해진다. 생각하고 또 생각하면 심각해지고 스트레스가 되어 혼란스러워진다.

생각이 과거로 달려가거나 미래로 가 있을 경우 현재에 쓸 에너지가 말라 버린다. 생명에너지가 현재 생동감으로 흐르게 하기 위해서는 마음이 지금 여기 있도록 해야 한다.

안 · 이 · 비 · 설 · 신 · 의로 보고 · 듣고 · 냄새 맡고 · 맛보고 · 접촉하고 · 마음을 내면서 육문6ㄹ을 잘 지켜 생각이 내 존재의 집에서 분탕질치지 않도록 알아차림의 기회를 일부러 만들 필요가 있다. 그것을 사사나 스님은 육문노팅이라고도 했다.

계속 어떤 생각에 사로잡혀 있을 때는 생활환경과

활동방식을 바꾸어 본다. 항상 집 안에서 생활하는 사람인 경우는 칩거에서 벗어나 걸으면서 명상수행을 한다.

걷는 데도 지속적으로 생각이 따라 붙으면 왼발을 옮기면서 동시에 왼발이라고 명칭을 붙이고, 오른발을 옮기면서 오른발이라고 명칭을 붙이면서 경행을 한다.

경행을 하면서 하늘을 보면 '봄'하고 명칭을 붙이고, 발이 아프면 '아픔'하고 명칭을 붙이고, 물소리가 들리면 '들림'이라고 명칭을 붙인다.

이렇게 눈으로 보면 보는 것을 '봄'이라고 알고, 귀로 들으면 '들림'이라고 알고, 코로 냄새를 맡으면 '냄새'임을 알고, 혀로 음식을 먹고 맛이 느껴지면 '맛'이라고 알고, 몸으로 접촉하면 접촉의 '촉감'을 알아차리고, 마음으로 생각을 하면 '생각'이라고 알아차린다.

도저히 집중이 안 될 때는 명칭을 붙여가면서 알아

차림의 힘을 키워간다.

알아차림의 힘이 커지면 명칭을 붙이지 않고 그대로 알면 된다.

잡생각이 많을 때는 생각에 빠져들지 말고 생각에 시달리는 것을 알아차리고, 마음이 여러 가지 일을 하도록 육문으로 들어오는 것들을 부지런히 알아차린다.

이렇게 하면 하나의 생각에 집중되어 고갈되어 가는 에너지를 마음의 힘으로 쓸 수가 있다.

눈으로 보는 것을 집중적으로 해 보고 귀로 듣는 것을 주로 해 보기도 한다.

숲 속을 산책하거나 공원을 산책하면서 보이는 모든 것에 숫자를 붙이며 헤아리는 것도 해 본다.

윤동주 시인이 하늘을 보면서 '별 하나 나 하나 별 둘 나 둘'을 헤아렸듯이, 나무 한 그루를 보면 봄 하나, 하늘 전체를 보면 봄 둘, 하늘의 조각구름을 보면 봄 셋, 나뭇가지의 잎을 보면 봄 넷, 나뭇가지를 보면 봄 다섯, 돌멩이를 보면 봄 여섯, 담배꽁초를 보면 봄

생활명상

일곱, 이렇게 10까지 헤아리고 또 다시 길이와 면과 부피를 가진 개체 사물을 헤아리면서 자신이 현재 사물을 관찰하며 헤아리고 있는 것을 알아차린다.

밖을 나가지 못하면 방 안에 있는 물건을 대상으로 사물 헤아리기 명상을 한다.

컵 뚜껑을 보면 봄 하나, 컵 속의 그림을 보면 봄 둘, 컵 전체를 보고 봄 셋, 컵 받침대를 보고 봄 넷, 찻숟가락을 보면 봄 다섯, 찻상이 보이면 봄 여섯, 찻상의 다리를 알아차리면 봄 일곱, 찻상의 윗면을 보면 봄 여덟, 방 전체가 보이면 봄 아홉, 방바닥이 보이면 봄 열을 헤아리고 다시 하나부터 보아나간다.

사물 헤아리기를 하다가 잊어버리면 다시 하나부터 시작한다.

사람을 볼 때도 전체 모습을 볼 때 봄 하나, 눈을 보면 봄 둘, 코를 보면 봄 셋, 이렇게 봄의 명상을 한다. 한 번 하면 30분 정도는 지속한다.

보는 것이 자연스러워지면 그냥 보이는 것을 알아

차리기만 한다.

　그래도 어떤 생각에 잡혀 있으면 물가나 바람이 부는 곳에 서서 자신의 상태를 말한다.

　생각에 빠져들게 하는 대상을 향해 큰 소리로 마음 상태를 알린다.

　"나는 억울하다. 나는 억울하다. 나는 억울하다."
　"분통이 터진다. 분통이 터진다. 분통이 터진다."
　"누가 미워서 못살겠다. 누가 미워서 못살겠다."
　"나는 병신이다. 나는 병신이다. 나는 병신이다."
　"길동이는 나쁜 놈이다. 길동이는 나쁜 놈이다."

　마음 속으로 억제해 놓았던 마음을 드러내어 물에 실려 보내고 바람에 실려 보낸다.

　말을 하면서 자신의 소리를 알아차리고 소리를 내면서 일어나는 느낌의 변화를 알아차리면 좋겠지만 잘 되지 않으면 진언을 집중하여 외듯이 하고 싶은 말을 반복하거나 열거한다.

생각을 흘러가게 하지 못하는 것은 생각을 얽어매는 사고방식이란 강한 장애물이 가로 놓여 있기 때문이다. 생각의 틀에 갇혀 있으니 마음의 품이 좁아져 사사건건 부딪히게 된다. 불편하고 부자유스럽고 불만족의 상태가 된다.

구하고 싶은 욕망은 더 많아지지만 뜻대로 되지 않으니 마음이 평화롭지 못하다. 이것을 풀어주는 방법은 연역법으로 푸는 방법과 귀납적으로 푸는 방법이 있다.

기분부터 의도적으로 전환시켜 날뛰는 감정의 물결을 잠재워 무엇이 감정의 파도를 일으키는지 보게 하고, 감정을 일으키게 한 배경이 되는 욕구를 간접적으로라도 충족시키는 방법이다.

그래서 하고 싶은 말을 하게 하고 억눌렸던 감정을 발산하도록 도우려는 것이다.

02

마음씀 명상

마음씀 명상은 일부러 의도를 내는 명상으로 마음이 일할 방향을 스스로 정하여 생활이 습관에 의해서가 아니라 깨어 있는 마음에 의해서 진행되도록 하는 수행방법이다.

아침에 잠에서 깨어나면 먼저 자신의 몸과 마음상태를 알아차린다. 몸과 바닥의 닿아 있는 느낌이나 전반적인 몸과 마음의 상태를 머리에서 발 끝까지 훑어본다.

기지개를 켜며 하루를 시작하는 문을 연다. 하루 동

안 주어진 시간에 내가 실려가는 것이 아니라 마음이 시간을 타고 시간을 부리는 주인됨의 몸짓이다.

"지혜와 자비가 성장하는 하루가 되게 오늘을 열겠습니다."

이렇게 마음인 의도가 마음에게 인사를 하는 것이다. 그러면 화답이라도 하듯 기운이 전신을 휘감아 몸이 그렇게 준비상태로 들어가는 듯하다.

옷을 입을 때도 한마음 내어 정신차려 옷을 입는다.

"존엄한 일상이 되게 옷 공양 올립니다."

부처님께 옷을 공양 올리듯 정성스럽게 손질하여 마음이 마음에게 옷을 공양 올리는 날은 존엄한 일상이 되는 듯하다.

밥을 먹을 때도 마찬가지다.

181

"이 음식이 지혜와 자비심을 증장시키는 약이 되게 공양 올립니다."

일상에 쫓겨 밥을 먹는 것이 아니라, 부처님께 음식 공양을 올리듯 마음에게 공양을 올리면 몸이 밥을 먹는 것이 아니라 마음이 공양을 받는 것이 된다. 공양 시간이 예불시간이 되는 셈이다. 허겁지겁 밥을 먹으면 그것은 몸 자루에 그냥 퍼담는 것밖에 되지 않지만 알아차리면서 음식을 들면 마음 자람의 공양이 된다.

사람을 만나러 길을 나설 때도 시간에 쫓겨 허겁지겁 달려나가 만나는 것이 아니라, 만나는 인연이 좋은 인연이 되도록 또 한 분의 부처님을 뵈러 가는 마음가짐으로 마음을 낸다.

"오늘 만나는 이와 좋은 인연이 되게 정성을 다하겠습니다. 그렇게 되게 불보살님들의 가피를 빕니다."

생활명상

불보살님과 마음은 별개가 아니기 때문에 자성부처님께 고하는 일이기도 하다.

길을 걸을 때도 좋은 수행의 기회이다. 부처님께서 밥을 빌러 시내를 걸으실 때 빔비사라 왕이 부처님의 걸음걸이와 모습에서 부처님의 위대함을 알아차리고 깨달음을 이루었을 때 자기에게도 가르침을 펴 줄 것을 청하였다는 이야기가 있듯이, 또 목건련 존자가 아싸지 존자의 걷는 모습을 보고 존경스러워 누구의 제자였는지 묻게 되는 인연으로 부처님의 상수제자가 되기도 했듯이, 걷는 수행인 경행은 자타에게 법공양의 기회이기도 하다.

부처님의 모습과 발길을 생각하면서 한 걸음 한 걸음 걷는 일은 기쁨을 준다. 오로지 알아차림으로 걸으면 그 걸음 자체가 자비이고 기쁨인 것을 알 수 있다.

내딛는 발걸음이 부처님의 발길이 되기를 바라는 마음을 내고 발을 떼어놓는다.

"이 발걸음이 부처님의 발걸음이 되게 하겠습니다. 오늘 이 발길이 닿는 곳마다 부처님의 가피력이 미치기를 기원합니다."

직장으로 들어설 때도 한마음 낸다.

"오늘 이 일터가 배움의 장이 되고 하는 일이 세상의 도움이 되게 하겠습니다."

직장은 나를 바로세우기 위한 훈련의 장소요, 세상을 돕는 구실을 하는 곳이기도 하다. 누구의 고용인이라는 생각보다 내가 하는 일이 세상에 긍정적인 영향을 미칠 수 있는 힘이 되게 마음의 힘을 실어서 하게 되면 그것이 바로 수행인 셈이다. 출근해서 자리에 앉아 일을 시작하기 전에 한마음 낸다.

"오늘 하는 일이 자타에게 유익하도록 힘쓰겠습니

다. 보람 있는 일상이 되게 마음을 쓰겠습니다."

몸이 움직여 일하는 것 같지만 사실은 마음이 일을 하는 것이다. 그래서 마음이 일터에서 어떤 방향을 가지고 살 것인지 스스로에게 고하는 셈이고 하루의 삶을 설계하는 순간이기도 하다.

명상이나 수행을 할 때도 지금 무엇을 하고자 하는지 마음이 마음에게 고하고 수행을 시작하면, 맑은 물에 사물이 다가가면 있는 그대로 비추어 주듯이 마음은 마음에 들어오는 모든 것을 그대로 알게 해 준다. 밑져야 본전이니 몸의 주인인 마음을 잊지 않고 하고자 하는 바를 마음에게 고하여 은총의 가피를 스스로 조성한다.

"오늘 수행이 업장을 소멸하여 깨달음을 성취하는 발판이 되도록 하겠습니다."

185

수행 시작 전에 자주 올리는 마음씀이다. 책을 읽을 때도 이 책을 읽는 의도를 알고 이 책을 통해 무엇을 하고자 하는지 마음주인에게 고하여 마음이 그렇게 움직여 가도록 방향을 잡는다.

"이 독서 내용이 마음의 양식이 되기를! 깨달음에 도움이 되기를!"

텔레비전을 볼 때 긴장을 풀기 위해서 그냥 볼 수도 있지만 텔레비전 시청을 통해서 마음이 무엇을 할 것 인지 지향점을 밝힌다.

"오늘 텔레비전 시청이 정신적 양식이 될 수 있기 를!"

일생을 두고 성취해야 할 서원과 함께 이 서원을 성 취하기 위해 순간순간 마음씀을 통해 자신이 무엇을 하고 있는지, 무엇을 해야 하는지 알고 마음을 내는 마음씀 명상은 선업을 쌓은 방편이라 하겠다. 일생이 서원을 이루는 과정이기도 하다.

삶은 자신이 믿음을 가지고 세운 서원대로 펼쳐진다. 매순간의 삶도 마찬가지다.

마음씀의 생활화는 업력에 의해 끌려가는 것이 아니라 마음의 주인공이 운행하는 삶이기도 하다.

무위의 삶이 펼쳐지기 전까지는 마음씀 명상은 습관에 의한 삶에서 각성의 삶으로의 전환 방편이기도 하다.

03

마음씀 명상을 다르게 표현하면 매순간 수행의 목적과 서원을 확인하는 일이기도 하다.

누구나 더불어 해야 할
일반적인 서원, 천수경 명상

마음씀 명상을 다르게 표현하면 매순간 수행의 목적과 서원을 확인하는 일이라고도 할 수 있다. 서원은 한 번 세우면 이루어지는 것이 아니라 일상생활을 관통해서 서원의 힘이 흐르도록 해야 한다.

서원을 세워 사는 일은 새로운 삶을 받는 데 결정적인 요인임을 전생 체험이나 미얀마 수행자들이나 부처님의 본생담 등을 통해서도 알 수 있다. 일상생활을 통해서도 증명할 수 있다.

오늘은 어제 마음활동의 결과이고 내일은 오늘 마음활동의 결과이다. 아기의 전생은 엄마 뱃속 생활이고 청년의 전생은 유년기 삶이기도 하다.

꼭 안 보이는 것을 봐야 믿을 것이 아니라 삶을 가만히 보면 이렇게 연결되어 변화되어 간다.

마음씀 명상을 통해서도 그것을 자주 경험할 수 있다. 마음을 내는 방향대로 기운이 몸을 통해서 움직이는 것을 알 수 있다.

결국 죽어서 육체는 썩어져 사라지지만 살아온 업력이 다음 생으로 상속되는 것임을 티베트의 불교나 스님들의 이야기를 통해서 익히 들어 오는 바다. 이 믿음으로 사는 것은 밑져도 본전은 건지는 일이니 참고삼을 만하다.

사리불과 목건련의 이야기를 통해서도 확인할 수 있다.

사리불과 목건련이 부처님 승단에 들어오던 날 부처님께서는 제자들을 모두 우루벨라로 불러 그들을 상수제자로 선언하시었다.

그런데 많은 비구들이 이를 유쾌하게 받아들이지 않았다. 치우친 결정이라는 것이다.

'제자를 세우려면 마땅히 교단에 들어온 순서에 따라 해야 한다. 최초의 다섯 제자 중에서 고르시든지 그들이 양보한다면 그 다음에 들어온 야사 비구나 그 밖의 쉰 명의 비구 중에서 선택해야 했고, 그들 또한 양보한다면 가섭 삼형제 중에서 선택해도 무방했을 것이다. 그 다음 순서는 그 밖의 다른 비구들이다. 사리불과 목건련은 이제 막 출가한 가장 마지막 차례이다.'

제자들이 이런 생각으로 서로 의견을 나누고 있을 때 부처님께서 오시어, "비구들이여! 지금 무엇에 대해서 토론하고 있느냐."고 물으시자 비구들이 사실대로 말씀드렸을 때 부처님께서 말씀하셨다.

"비구들이여, 여래는 결코 사사로운 마음에서 그들을 으뜸 제자로 삼은 것이 아니니라. 여래는 심히 공정하니라. 여래는 비구들이 전생에 어떤 서원을 세웠는지에 따라 으뜸 제자로 삼거나 삼지 않을 뿐이니라. 예를 들어 콘단냐는 여래의 첫 번째 제자이지만 그는 지난 아홉생에 걸쳐서 첫 수확한 곡식을 수행자들에게 공양하면서 '내가 이 다음에 부처님의 으뜸제자가 되겠다'고 서원했느니라. 그러므로 이는 그들 스스로의 서원의 결과일 뿐 여래의 사사로운 판단은 아니니라."

반면에 사리불과 목건련의 서원은 부처님 출현시에 상수제자가 되겠다고 서원해서 그리되었다는 것이다.

매순간 마음씀 명상도 결국은 일생일대 과제로 삼아야 할 서원을 이루기 위한 힘을 기르는 과정이라 할 수 있다.

누구나 더불어 해야 할 보편적인 서원으로 대신 할 수 있는 서원이 《천수경》예불문에 들어 있다. 간절한 마음으로 그 서원을 시방의 불보살님과 자성부처님이 다 듣고 있다는 믿음을 가지고 한 자 한 자 새기고 깨

191

어서 염불명상을 하다 보면 글자가 에너지가 되어 입으로 들어오는 느낌이 들 정도이다.

진심으로 천수경 발원문을 자신의 서원삼아 염불하는 마음과, 염불 소리를 관하면서 명상을 하기도 하지만, 관세음보살이나 부처님이 머리 위 불단의 연꽃 방석 위에 앉아 내려다보고 있는 것을 관상하면서 서원문을 염하기도 한다.

나무대비관세음(南無大悲觀世音)
대자대비 관세음께 귀의하여 비옵니다
원아속지일체법(願我速知一切法)
이 세상의 온갖 진리 어서 빨리 깨달아지이다
나무대비관세음(南無大悲觀世音)
대자대비 관세음께 귀의하여 비옵니다
원아조득지혜안(願我早得智慧眼)
지혜의 밝은 눈을 빨리빨리 얻어지이다
나무대비관세음(南無大悲觀世音)
대자대비 관세음께 귀의하여 비옵니다
원아속도일체중(願我速度一切衆)

한량없는 고해 중생 빨리빨리 건져지이다

나무대비관세음(南無大悲觀世音)

대자대비 관세음께 귀의하여 비옵니다

원아조득선방편(願我早得善方便)

전지전능 묘한 방편 빨리빨리 얻어지이다

나무대비관세음(南無大悲觀世音)

대자대비 관세음께 귀의하여 비옵니다

원아속승반야선(願我速乘般若船)

깨달음의 지혜 배에 빨리빨리 올라지이다

나무대비관세음(南無大悲觀世音)

대자대비 관세음께 귀의하여 비옵니다

원아조득월고해(願我早得越苦海)

생사세계 괴롬바다 빨리빨리 건너지이다

나무대비관세음(南無大悲觀世音)

대자대비 관세음께 귀의하여 비옵니다

원아속득계정도(願我速得戒定道)

계지키고 선정 닦음 빨리빨리 이뤄지이다

나무대비관세음(南無大悲觀世音)

대자대비 관세음께 귀의하여 비옵니다

원아조등원적산(願我早登圓寂山)

생사없는 열반산에 빨리빨리 올라지이다

나무대비관세음(南無大悲觀世音)

대자대비 관세음께 귀의하여 비옵니다

원아속회무위사(願我速會無爲舍)

하염없는 진리의 집 빨리빨리 들어가지이다

나무대비관세음(南無大悲觀世音)

대자대비 관세음께 귀의하여 비옵니다

원아조동법성신(願我早同法性身)

진리의 몸 여래의 몸 빨리빨리 얻어지이다

〈여래십대발원문〉을 자신의 발원문으로 삼아 이 발원이 현생이 아니면 몇 생에 걸쳐서라도 꼭 이뤄지기를 바라는 진심을 담아 독송한다.

〈여래십대발원문〉도 나의 발원문 우리의 발원문이다. 머리 위에 모시는 부처님을 관상하면서 독송한다. 부처님을 가슴에 모시고 부처님이 되어 독송해도 좋다.

원컨대 삼악도를 영원토록 떠나지이다.

원컨대 어서 빨리 탐진치를 끊어지이다.

원컨대 불법승의 삼보를 항상 듣기 원하옵니다.

원컨대 계정혜 삼학을 애써 닦기 원하옵니다.

원컨대 항상 부처님 가르침 따르기를 원하옵니다.

원컨대 보리심이 물러나지 않게 되길 원하옵니다.

원컨대 틀림없이 극락세계 태어나기 원하옵니다.

원컨대 하루 빨리 아미타불 친견하기 원하옵니다.

원컨대 나의 분신 온 법계에 나투기를 원하옵니다.

원컨대 모든 중생 널리 제도하옵기를 원하옵니다.

(보령사 카페에서)

〈사홍서원〉 역시 일심으로 외우고 그 뜻이 이루어
졌을 때의 삶의 모습을 마음에 새기는 명상을 하기도
한다.

중생무변서원도(衆生無邊誓願度)
중생이 가이 없더라도 맹세코 다 건지기를 원합니다.
번뇌무진서원단(煩惱無盡誓願斷)
번뇌가 다함이 없더라도 맹세코 다 끊기를 원합니다.
법문무량서원학(法門無量誓願學)
법문이 한량이 없더라도 맹세코 다 배우기를 원합니다.

불도무상서원성(佛道無上誓願成)

불도가 위 없더라도 맹세코 다 이루기를 원합니다.

  삶은 믿음대로 실현된다는 믿음을 가지고 서원을 잊지 않고 마음에 새기면 서원대로 삶이 펼쳐질 것이다.

04

서원을 잊지 않고 마음에 새기면 서원대로 삶이 펼쳐질 것이다.

몸이 불편할 때 하는 명상

머리에서 발 끝까지, 발 끝에서 머리 끝까지 훑어보며 몸에 긴장이 들어갔는지 살펴본다.

호흡을 가지런히 한다. 숨을 들이쉬고 내쉬면서 '하나', 숨을 들이쉬고 내쉬면서 '둘', 이렇게 10까지 헤아리면서 호흡을 하고 한마음 낸다.

"이 수행으로 업장이 소멸되어 몸과 마음이 건강해지고 수행력이 증진되기를!"

이 수행법은 티베트 명상법에서 응용한 것이다.

자신의 이마 높이 위에 연꽃좌대가 있고 그 좌대 위에 방석을 깔고 그 위에 관세음보살이 앉아 계시어 그 윽한 자비의 눈으로 바라보시면서 감로수를 머리 위에 부어 주는 것을 마음의 눈으로 바라본다.

스펀지에 물이 스며들듯이 감로수가 몸 속으로 스며들어 발가락으로 빠져나가는 것을 명상한다. 몸 속에 있는 업장들이 감로수에 씻겨 내려간다는 믿음으로 감로수의 흐름을 지켜본다.

감로수에 몸이 씻겨지면서 얼굴 피부가 투명해지고 다음에는 목부터 양쪽 어깨, 목에서 가슴까지 사이의 몸통, 아랫배, 엉덩이, 양쪽 다리가 투명해진다.

투명해지지 않으면 그 부분이 투명해질 때까지 지속적으로 감로수가 부어지는 것을 바라본다. 완전히 몸이 투명해졌을 때 자기 속사람의 모습을 감상한다.

이번에는 연꽃좌대 위 방석 위에 앉아 있던 관세음보살의 모습이 탁구공만한 빛으로 변해서 정수리로 해서 몸 속으로 들어오는 과정을 명상한다.

정수리 부분에 빛이 내려와 송과체에 빛이 머무는 것을 바라본다.

차례로 인중, 목 아래 오목하게 들어간 부분, 양쪽 젖가슴 사이, 명치와 복부 사이, 배꼽, 배꼽 아래서 3센티미터 되는 부분, 꼬리뼈, 척추 마디마디, 뒷목 오목한 곳, 뒤꼭지를 돌아 다시 정수리로 해서 가슴 가운데로 내려와 머무르며 빛을 발산하는 것을 명상한다.

평소에 몸이 좋지 않은 곳이 있으면 빛이 그 부분에 머무르게 하고 치유되기를 기원하면서 광명진언을 외며 빛에 집중한다.

빛이 넓게 퍼질 수는 있으나 빛의 핵은 놓치지 않도록 집중한다. 소리를 내지 못하는 형편이면 입술만 움직여 금강념으로 해도 되고 마음 속으로 진언에 집중해도 된다.

입으로 진언을 염하지만 60조 개의 세포가 같이 한

마음으로 염한다는 믿음으로 진언에 집중하며 빛을 밝힌다.

〈광명진언〉

옴 아모카 바이로차나
om amoga vairocana

마하 무드라 마니 파드마
maha-mudra mani-padma

즈바라 프라바릍 타야 훔
jvala pravartaya hum

빛 명상과 진언을 마무리할 때는 다시 온몸에 힘이 들어갔는지 살피고 긴장을 이완시킨다. 〈광명진언〉으로 우주에 또는 수행하는 공간이 빛으로 들어차 있다고 상상한다.

정오 무렵 태양이 바다에 반사되어 물결 하나하나가 빛의 알갱이가 되어 춤추는 듯한 그러한 빛 물결로 가득 찬 공간을 마음에 그려본다.

숨을 들이쉴 때 빛이 몸 속으로 들어오고 내쉴 때 그 빛이 몸 속에 스며드는 것을 그리면서 호흡을 한다.

누워서 하면 몸을 완전히 이완할 수 있어 좋다. 이때도 호흡의 들고 나감을 알아차리고 몸에서 일어나는 일체 현상과 마음의 현상을 놓치지 않는다.

어떤 현상이 일어나면 그 현상에 쫓아가지 말고 차창 밖으로 지나가는 풍경을 보듯이 그렇게 바라보며 호흡에 집중한다.

명상을 하면서 진언을 하는 것이 편하고 효율적이면 진언으로 수행방편을 삼고, 감로수를 주는 관세음보살 관상명상이 더 잘 되면 그것으로 하고, 아니면 빛 명상이 잘 되면 그것을 주로 해도 된다.

05

자, 타 관계의 조화를 위한 명상

온몸에 힘을 빼고 몸과 마음을 고요히 하여 자신의 모습 중에서 받아들일 수 없는 면이나 자신의 어떤 면 때문에 자주 괴로움을 겪는 점이 있으면 적어 본다.

혹시 성격검사를 한 경험이 있으면 성격의 부정적인 면을 명상 소재로 택한다. 에니어그램 Enneagram 이나 여타의 성격검사에서 부정적인 점을 검토해서 그렇다고 인정되는 항목들을 적어 보고 포기 각서를 덧붙여 몇번씩 크게 외친다.

예를 들면 에니어그램 1번의 경우 스스로를 부자유

스럽게 하는 면의 기록이다.

●나는 내 자신과 다른 사람들을 불가능한 기준으로 본다. → 이 태도를 포기한다.

●제어 능력을 상실하고 비합리적인 사람이 될까 두려워한다. → 이 태도를 포기한다.

●나는 내가 틀렸다고 혹은 잘못 정죄당할까 두려워한다. → 이 태도를 포기한다.

●나는 내 자신의 모순을 인정하지 않으려고 한다. → 이 태도를 포기한다.

●나는 내 자신의 행동을 정당화하려 한다. → 이 태도를 포기한다.

●나는 내가 변화시킬 수 없는 것에 집착한다. → 이 태도를 포기한다.

●나는 내 자신과 다른 사람들을 완전하게 되도록 몰고 간다. → 이 태도를 포기한다.

●나는 내 자신의 정서적 고통과 육체적인 고통을

무시한다. → 이 태도를 포기한다.

　●내 몸과 감정이 나와는 무관한 것인 양 여긴다.
→ 이 태도를 포기한다.

　●나는 무엇이 잘못되었는가에 자동적으로 초점을
맞춘다. → 이 태도를 포기한다.

　"나는 내 자신과 다른 사람들을 불가능한 기준으로
본다. → 이 태도를 포기한다."의 경우다.

　항상 완벽해야 한다는 잣대로 자신과 다른 사람들
을 저울질하기 때문에 자신과 타인에 대해서 못마땅
한 점을 먼저 발견하고 그것이 마음에 들지 않기 때문
에 화를 잘 내는 수가 있다.

　또 화를 내서는 안 된다는 마음의 잣대가 있기 때문
에 화를 낼 때마다 "이것밖에 안되는가!"라는 좌절감
과 열등감, 한탄스러운 감정까지 일어날 수 있다.

　일어나는 생각과 감정은 자연스러운 현상이다. 어
떻게 반응하는가가 문제다. 지금까지 거부한 감정을

충분히 받아들이고 해방시키는 일을 해본다. 거부하고 싶은 것이 화내는 일이면 분노 감정과 하나되어 느낀다.

그 감정을 충분히 느끼고 감정의 크기 만큼 풍선을 부풀려 펑 터트려 분노 감정의 풍선을 폭파시켜 버린다.

방에 혼자 있을 때는 실제로 풍선에 자신의 분노 감정을 불어넣는다고 생각하고 부풀려 가슴에 안고 속이 후련해지도록 거듭 감정의 풍선 터트리기를 한다.

그래도 불편하면 남아 있는 가슴 속 감정의 그림자가 검은 연기가 되어 가슴으로부터 빠져 나가는 것을 바라본다. 검은 감정의 연기가 완전히 사라질 때까지 의도적으로라도 미소를 지으며 바라본다.

계속 미소 짓는 얼굴로 자애명상을 한다.

"나 자신이 화냄으로부터 벗어나 평안하기를! 행복하기를!"

"나 자신이 고통에서 벗어나 평화롭기를!"
"나 자신이 적의감에서 벗어나 편안하기를!"

또 화냄으로써 부정적인 감정으로 상처를 받았을 대상을 떠올리며 참회명상과 함께 자비의 마음을 보낸다.

"화냄으로써 상처 입힌 것을 참회합니다."
"길동님! 고통에서 벗어나 몸과 마음이 행복하기를!"

감옥에 갇힌 죄인이 다른 사람을 해방시키지 못하듯 자기 문제를 풀지 못하는 자는 다른 사람을 자유케 하는 데 한계가 있다.

이렇게 자신의 부정적인 면에 직면하여 바라보고 느끼고 품어 주고 사랑해 준다.

하늘은 스스로 돕는 자를 돕는다고 했다. 자기 자신

을 도울 때 그 마음의 에너지에 화답한 주변의 에너지도 도움의 에너지로 다가온다. 그리고 자신을 수용하고 인정하고 용서하고 사랑할 때 타인도 그렇게 할 수 있다.

가슴에 여러 가지 응어리가 아직도 풀리지 않아 수용이 안 될 때는 다음 장의 방법으로 해 본다.

06

그 날 일어난 감정은 그 날 해결해야 내일을 온전히 맞이할
수 있다.

미움 삭이기 명상

다른 사람을 미워하면 먼저 자신이 괴롭다. 거기다
다른 사람을 미워하면 나쁘다는 자괴감과 죄의식이
자신을 더욱 괴롭힌다.

잘못인 줄 알면서도 용기가 없어서, 자존심 때문에
또는 상대방이 이해해 주지 않을 것이라는 두려움 때
문에 먼저 나서서 미안하다고, 용서한다고 말하기 힘
들 때도 있다.

그 날 일어난 감정은 그 날 해결하지 않으면 침잠하
여 다시 분탕질칠 기회를 노린다. 그 날 일어난 감정

생활명상

은 그 날 해결해야 맑은 마음으로 내일을 온전히 맞이할 수 있다. 지금 여기 현재의식이 밝아질 수 있다.

용서할 수 없는 사람, 자꾸만 비판하게 되는 사람, 생각하면 미운 감정이 일어나는 사람, 복수하고 싶은 사람, 이기적이라 생각되어 좋은 감정이 생기지 않는 사람……

자신의 마음에 부정적인 모습으로 새겨있는 사람을 떠올려 본다. 그리고 그 사람 이름을 부르며 미안하다는 말을 한다.

"창현아 미안하다."
"창현아 미안하다."
"창현아 미안하다."

마음에 울림이 있을 때까지 외치듯이 고백한다.

이렇게 염하면서 몸과 마음에서 일어나는 일체의 현상을 알아차린다. 잡생각이 떠오르면 그것을 알아차리고 계속 미안하다는 말을 한다.

그 감정에 진심이 담길 때까지, 스스로 미안한 마음이 꽉 찰 때까지 '미안하다 만트라'를 염송한다.

미안한 마음이 꽉 차면 참회의 눈물이 나오고 용서를 구하는 마음이 저절로 생긴다.

미안한 감정이 풀리면 이유를 따지지 않아도 무엇이 문제였는지 저절로 알게 된다.

저절로 앎이 없을 때는 추구를 통해서라도 무엇이 괴로움이며, 그 괴로움의 원인은 무엇인지, 괴로움을 소멸시키는 방법은 무엇인지 스스로 추구하여 이해 차원까지 도달하도록 한다.

어떤 감정이 일어나는 데는 반드시 감정을 유발하는 생각이라는 것이 밑바닥에 깔려 있다. 사고방식이라는 장애물이 가로 놓여 있다.

시어머니에 대해서 부정적인 감정을 가지고 있어서 '시모님 미안하다 만트라'를 염송했을 때 미안한 감정을 일으키게 된 것은 현재 시어머니를 좋게 보지 않고 있다는 사실이 있고, 그 사실이 미안한 것으로 다가오는 것은 '시어머니를 미워하는 것은 옳지 않다. 시어머니에게 잘 해야 한다'는 사고방식이 놓여 있을 수 있다.

그런데 생각대로 되지 않고 미워하고 원망하고 귀찮아하게 되니 죄책감에 시달린다. 죄책감이 일어나기까지의 인과관계를 살피면 배움의 기회가 되지만, 아직 그런 힘이 없을 때는 자기도 모르게 죄의식을 은폐하기 위해 잘못을 시어머니에게로 돌리게 됨으로써 자신에 대한 불만감이 시어머니에 대한 불만감으로 드러나게 된다.

결국 상대방을 향한 감정은 자기의 문제가 되는 셈이다. 자기의 견해와 사물에 대한 해석방식이 문제를 만든다.

이런 것이 자신과 타인에 대한 실상을 있는 그대로 보는 것을 방해하는 경우가 많다.

번뇌로 인한 그 감정의 풍랑 때문에 바다가 잔잔하

지 못하면 주변의 상황을 제대로 비추지 못하는 것같이 마음 속에 쌓여 있던 핵심 감정을 풀어주는 작업이 필요하다.

이때는 의도적으로 풀고 버리고 지우는 것도 의미가 있다. '미안하다 만트라'에서는 '미안하다'는 개념으로 마음을 휘저어 잠재되어 있는 감정을 퍼낸 경우다.

생활명상

07

호흡도 저절로 이루어지는 것이 아니라 숨을 들이쉬고 내
쉬는 모든 과정이 의도라는 마음작용에 의해 이루어짐을
볼 수 있다.

몸 건강을 돌보는 호흡 명상

호두마을에서 자율수련을 할 때였다. 《아나빠나사
띠 숫따》위말라람시 스님 지음, 연방죽선원 옮김라는 책을 읽게 되
었는데, 호흡에 대한 사띠와 사마디 명상수행 안내책
자이다. 이 책 내용을 응용해서 나름대로 호흡에 의도
를 넣어 수행한 내용이다.

허리를 똑바로 세우고 코 끝에서 입술 위의 부분에
서 숨이 들어가고 나가는 것을 바라보며 들숨과 날숨
이 드나들면서 숨결이 어디를 스치는가 감을 잡는다.

213

본격적으로 호흡 명상에 들기 전에 마음이 일할 방향을 스스로에게 고한다.

"호흡의 드나듦을 알아차리는 수행을 통해 알아차림의 힘을 키우겠습니다."

처음 호흡 수련을 할 때는 숨쉬기가 이렇게 힘이 드는가 할 정도로 긴장되고 자꾸만 의식적으로 호흡을 하는가 하면 숨결을 바라보기가 힘들 때도 있다. 호흡이 스치는 부위가 한결같지 않고 잘 느껴지지도 않을 때도 있다.

그런데 호흡을 잘 관찰하다 보면 이 호흡도 저절로 이루어지는 것이 아니라 숨을 들이쉬고 내쉬는 이 모든 과정이 의도라는 마음에 의해 이루어짐을 볼 수 있다.

호흡 수행도 결국은 마음이 마음을 보는 공부라고 할 수 있다.

호흡 수행 실습예이다.

"숨을 길게 들이쉴 때는 길게 들이쉬는 것을 알고, 숨을 짧게 들이쉴 때는 짧게 들이쉬는 것을 알며, 숨을 길게 내쉴 때는 길게 내쉬는 것을 알고, 숨을 짧게 내쉴 때는 짧게 내쉬는 것을 알아차리도록 하겠습니다."

책에 적혀있는 대로 의도를 내어 호흡을 하되 숨쉬기는 의도적으로 하지 않고 그냥 마음만 내고 호흡의 길이를 본다. 몸에 긴장을 풀고 특히 머리에 긴장을 풀고 집중하지 않는 집중으로 호흡을 살핀다.

좌선 중에도 하지만 길을 가면서 호흡의 길이를 봐도 된다. 등산을 하면서도 산책을 하면서도 자연스럽게 호흡하면서 숨의 길이를 바라본다. 전철을 타거나 버스를 타고가면서 할 수 있다.

매번 호흡의 길이가 다르고 호흡의 강약도 다르고

호흡과 호흡 사이의 간격도 다르다.

한 호흡을 통해서도 무상을 보는 듯하다.

"온몸을 경험하면서 숨을 들이쉬겠습니다. 온몸을 경험하면서 숨을 내쉬겠습니다."

이렇게 의도를 내고 온몸을 들여다보듯이 숨을 들이쉬는데 들숨에서 시작되는 것을 알고 끝나는 순간을 알고, 날숨에서 숨이 시작되는 것을 알고 끝나는 것을 안다.

처음 시작할 때 마음을 내고 그냥 호흡에 집중해도 되고 잡념이 많이 떠오를 때는 숨을 한 번 들이쉬고 한 번 내쉴 때마다 마음으로 이 의도를 만트라처럼 되풀이 한다.

몸이 불편할 때 주로 해 본 호흡 명상인데 이런 의도를 가지고 호흡을 하면 온몸으로 호흡을 하는 듯하다. 그리고 몸이 통째로 시야로 들어오기도 하고 몸이 없어져 우주라는 큰 몸이 되는 듯도 하다.

　온몸을 경험한다는 의미는 눈에 보이는 몸뿐만 아니라 실상의 몸인 허공성을 말하는 듯하다.

　"몸의 작용을 편안하게 하면서 숨을 들이쉬고, 몸의 작용을 편안하게 하면서 숨을 내쉬리라."

　이렇게 의도를 내고 집중이 잘 안 될 때는 "몸의 작용을 편안하게 하면서 숨을 들이쉬고, 몸의 작용을 편안하게 하면서 숨을 내쉬리라." 하면서 숨을 들이쉬고 내쉴 때마다 의도를 밝히고 호흡 명상을 한다.

　온몸을 경험하는 명상을 통해서 몸이 진단되면 몸에 대한 염려나 걱정을 놓기 위한 명상으로 활용한다.

　"몸이 이 일을 하는 데 적합한 상태가 됨을 경험하면서 숨을 들이쉬고, 몸이 이 일을 하는 데 적합한 상태가 됨을 경험하면서 숨을 내쉰다."

무슨 일을 앞두고 몸과 마음의 준비가 필요할 때 하던 호흡 명상인데 이같이 필요에 따라 마음을 담아 호흡을 한다.

평온하고 고요한 마음으로 마음의 방향을 정하고 호흡 명상을 하다 보면 마음이 기운이란 에너지를 통해 화답하는 듯하다.

08

마음을 기쁘게 하면서 들이쉬고 마음을 기쁘게 하면서 내쉬라.

마음건강을 돌보는 호흡 명상

《아나빠나사띠 숫따》위말라람시 스님 지음 속에 나오는 호
흡 명상의 단계를 응용하여 해 본 것이다.

이 책에 의하면 소개된 호흡 명상 수행을 통해서 칠
각지에 도달하고 깨달음에 이르는 길을 안내하지만
여기에서는 생활 명상으로 해 본 내용이다.

부처님의 가르침을 가볍게 여긴 것은 아닌가 염려
도 되지만 더불어 경험해 보며 호흡 명상에 대한 믿음
과 희망을 가지게 되면 직접 연방죽선원이나 기타 수
행원에서 본격적으로 수행을 할 수 있는 계기가 되었

으면 하는 바람으로 책 속의 내용을 활용한 호흡 명상을 계속해서 주제 정도 소개한다.

"행복을 경험하면서 숨을 들이쉬리라. 행복을 경험하면서 숨을 내쉬리라."

몸과 마음에 행복공양을 올리고 싶을 때나 행복해서 이것을 세포 골고루 나누고 싶을 때 하곤 하는데 몸과 마음의 변화를 살피면서 호흡을 하다 보면 마음이 행복해지는 듯하다.

"마음작용을 경험하면서 숨을 들이쉬고, 마음작용을 경험하면서 숨을 내쉬리라."

호흡을 하되 지금 이 순간 무엇을 하고자 하는지 마음이 일할 방향을 정하면 부처님이 보살들을 통해서 응답하듯이 마음은 에너지 작동을 통해 일을 하는 듯하다.

감각·느낌·생각, 이 모든 것을 알고 있는 의식의 작용을 좀더 선명하게 느낄 수 있는 듯하다.

마음이 불편할 때 이러한 의도를 담아 호흡을 하면 그 마음은 내가 배척할 것이 아니라 경험하고 하나되어 수용하고 이해해야 할 대상으로 다가오기도 한다.

"마음을 기쁘게 하면서 숨을 들이쉬고, 마음을 기쁘게 하면서 숨을 내쉬리라."

마음에게 기쁨 공양을 올리고 싶을 때 하는 명상인데 의도를 낼 때 마음상태를 살핀다.

편안하고 기쁜 마음으로 하는지, 근심·걱정·불안·초조가 있는지 살펴 그 마음을 기쁜 마음으로 전환하도록 마음을 써서 호흡을 하기도 한다. 호흡을 하다 생각이 끼어들면 이렇게 한마음 낸다.

"이 생각의 작용을 경험하면서 숨을 들이쉬고, 이 생각의 작용을 경험하면서 숨을 내쉬리라."

가능하면 한 주제를 가지고 완전히 경험할 때까지, 깨침이 있을 때까지 하면 가장 좋겠지만, 앞으로의 수행 과제로 두고 생활 속에서 그때그때 필요에 따라 의도를 가지고 명상한 것이다.

마음이 뒤숭숭하고 복잡할 때 해 본 명상 주제이다.

"마음을 고요하게 하면서 숨을 들이쉬고, 마음을 고요하게 하면서 숨을 내쉬리라."

마음이 어디에 속박되어 답답함을 느낄 때 응용한 호흡 명상이다.

"마음을 해탈케 하면서 숨을 들이쉬고, 마음을 해탈케 하면서 숨을 내쉬리라."

급변하는 마음의 변화나 사회 변화에 대해 속끓일 때 해 본 명상이다.

"무상을 주시하면서 숨을 들이쉬고, 무상을 주시하면서 숨을 내쉬리라."

내 의지대로 되었으면 좋겠는데 일이 뜻대로 풀리지 않아 속끓일 때, 자신이 욕심부리고 있는 것을 알 때 해 본 명상이다.

"탐욕의 사라짐을 주시하면서 숨을 들이쉬고, 탐욕의 사라짐을 주시하면서 숨을 내쉬리라."
"소멸을 주시하면서 숨을 들이쉬고, 소멸을 주시하면서 숨을 내쉬리라."

손해 보고 계속 손해 본 일에 마음이 매달리고 타인의 비난과 비판에 마음이 가 있을 때 해 본 명상이다.

"놓아버림을 주시하면서 숨을 들이쉬고, 놓아버림을 주시하면서 숨을 내쉬리라."

이러한 호흡 명상을 활용하여 각자의 몸 상태 마음 상태에 따라 호흡의 주제를 가지고 호흡 의도명상을 할 수 있다.

마음은 모든 것을 비춰주는 거울임을 믿는다면 마음씀의 모습 역시 마음에 그대로 반조되는 것을 볼 것이다.

호흡 명상은 부처님의 중요한 가르침이기에 생활의 응용차원이 아니라 깨달음의 방편으로 제대로 해 보고 싶은 과제이다.

호흡 수행에 관한 부처님 가르침의 일부이다.

호흡을 관찰하는 수행을 닦아 익혀라.

만약 수행자가 수식관을 닦아 익히면 몸과 마음이 쉬게 되고, 거친 생각과 미세한 생각이 순일해지며,

순수하고 분명한 생각을 닦아 만족하게 된다.

이러한 수행은 어떻게 하는 것이 좋은가?

먼저 여러 감각기관을 잘 단속하고 고요한 방이나 나무 밑에 몸을 단정히 하고 앉는다.

생각은 눈앞에 매어 두고 탐욕과 성냄과 수면과 들뜬 생각과 의심을 모두 단절해 버린다.

그런 뒤 숨을 들이쉬거나 내쉴 때는 오직 숨을 쉰다는 것에만 생각을 집중한다.

들숨 때는 '숨이 들어가고 있구나', 날숨 때는 '숨이 나가고 있구나' 하고 관찰한다.

만약 몸을 움직이게 되면 움직이는 몸의 상태를 관찰해서 몸의 움직임을 잠시라도 놓치지 않는다. 이를 들숨 날숨 때처럼 알아차린다.

만약 대상과 경계가 기쁨이거나 즐거움이면 이것에 집중하여 관찰하여 알고, 마음의 기쁨과 마음의 고요함이 생기면 들숨과 날숨 때 이것에 집중하여 관찰하여 알아챈다.

욕심 없음의 경계에 이르러서도 들숨과 날숨을 관찰하여 여기에 집중한다.

이렇게 닦으면 몸과 마음이 쉬게 되고 거친 생각과 미세한 생각이 순일해지며 순수하고 분명한 생각을 닦아 만족스러워진다.

09

자기가 자기를 안다는 것은 마음이 마음을 안다는 것이다.

스스로 동무되기 명상

어머니가 어린아이 교육을 할 때 아이가 모방하도록 말을 높여서 하기도 한다.

"안녕히 계세요."
"엄마 좀 주세요."
"쉬해 보세요."
"잘 먹겠습니다."

마음이 마음을 훈련하기 위해서 마음이 몸과 마음에

227

서 일어나는 모든 현상에 대해서 높임말로 들려 준다.

아침에 일어나기 싫어 꾸물거릴 때 마음에게 말을 건넨다.

"빨리 일어나고 싶지 않군요. 자, 일어납시다."

거울을 볼 때도 마음이 알아차린 내용을 말로써 다시 표현한다.

"거울을 보려고 하는군요. 거울을 보는군요. 웃고 있네요. 심각한 모습이네요."

누구를 향해서 화를 낼 때 "지금 화를 내고 있군요."라고 자문하면서 마음이 현재 무엇을 하고 있는지를 알게 한다.

출근 시간이 늦어 허둥거릴 때 "출근 시간이 늦었다고 생각하는군요. 그래서 마음이 급하군요."

이렇게 현재의 마음상태를 알린다.

밥을 먹을 때 "밥을 먹겠다는 의지를 내는군요. 밥을 맛있게 드시는군요. 이 밥이 보약이 되어 수행력의 에너지가 되기 바랍니다."라는 사실을 전하고 축복의 마음도 전한다.

음식을 급히 먹을 때 "음식을 급하게 먹는군요. 음식을 천천히 드시지요."

파란하늘에 구름이 떠 있는 것을 보면 "구름을 보고 있군요. 구름을 보며 기뻐하고 있군요. 구름을 보며 고향 생각을 하고 있군요."

으슥한 골목을 가면서 두려움이 일면 "두려워하고 있군요." 하며 현재의 마음을 읽어 준다.

누구에 대해서 화를 내면 "아무개에게 화를 내고 있군요. 저렇게 하면 안 된다고 생각하고 있군요."라고 읽어 준다.

소리에 귀를 기울이면 "자동차 소리를 듣고 있군요."

시끄러운 소리에 짜증난 마음이 일어나면 "시끄러운 소리 때문에 짜증을 내고 있군요."

악취를 맡고 이것을 피하고자 하면 "악취를 싫어하고 피하려고 하는군요."

부드러운 질감의 물건을 만지고 부드러움을 느끼면 "부드럽다고 느끼고 있군요."라고 알려 준다.

이렇게 마음과 몸에서 일어나는 모든 현상을 알아차리고자 기초적인 훈련으로 해 본 명상법이다.

그런데 이것이 버릇이 되면 내면의 종알거림이 생길 수도 있다. 그냥 봐버리면 되는 것을 해석하고 설명하고 부촉하다 보면 이것이 마음의 중얼거림이 되어 사마디를 형성하는 데 방해가 되는 수가 있으니 마음의 작용을 분명히 알기 위한 잠깐 동안의 수단으로 활용하면 의미가 있다.

그리고 이러한 훈련으로 내 마음을 읽는 훈련뿐만 아니라 타인을 있는 그대로 보고 타인의 마음을 있는 그대로 수용하는 힘으로 쓸 수도 있다.

이런 수행을 통해서 자기가 자기를 가장 잘 아는 친구라는 것을 확인하게도 된다.

자기가 자기를 안다는 것은 마음이 마음을 안다는 것이다.

동무 동무 어깨동무
어디든지 같이 가고
동무 동무 어깨동무
언제든지 같이 놀고

동무 동무 어깨동무
해도 달도 따라오고
동무 동무 어깨동무
너도 나도 따라 놀고

대상과 접촉하여 감촉과 느낌 등 마음이 일어나면 이것을 아는 마음이 있다. 이 두 마음을 노래한 것 같은 전래동요다.

이 두 마음이 항상 짝하여 가면 해와 달 같은 지혜

231

가 따라오고, 너도 나도 없이 하나되어 놀게 된다는 의미로 해석해 볼 수도 있다.

지금까지 소개한 내면의 소리 명상은 대상이 되는 마음과 바라보는 마음이 동무하는 과정이라 할 수도 있다.

동무 동무 씨동무
보리가 나도록 씨동무
동무 동무 씨동무
보리가 나도록 씨동무

이 전래동요도 마찬가지 의미로 해석할 수 있다.

내 마음 속의 불성이라는 씨동무, 각성이라는 씨동무와 원숭이같이 철없이 움직이는 의식이라는 마음이 동무되어 보리심이 나도록 부촉하는 의미로 해석할 수 있을 것이다.

10

업력에서 일어나는 마음작용을 알아차리지 않으면 업력만
살찌운다.

의도 보기 훈련 명상

모든 행동은 알게 모르게 일어나는 의도라는 마음
작용에 영향을 받는다. 그 의도가 있어 업이 지어진
다. 선업을 쌓으려면 선한 의도를 가져야 한다.

의도를 마음대로 부려 쓸 수가 있어 새로운 인연을
지어 나가면 새 삶이 전개된다.

보통은 자유 의지로 사는 경우가 많지 않다. 무의식
속에 누적되어 온 업력과 주변 환경이 연기되어 행동
하고 생각하는 일이 다반사다. 업력에서 일어나는 마
음작용을 알아차리지 않으면 그 업력만 살찌우는 결

과를 가져온다.

업의 노예로 움직이는 것이 아니라 뜻대로 삶을 영위하는 주인공의 삶을 살기 위해서는 마음의 형성 작용인 이 의도를 잘 살피고 살려 써야 한다.

한 행동이 일어나는데도 수많은 의도가 일어났다 사라지곤 한다. 의도를 잘 파악하고 있으면 의도로 인한 불선의 행동을 멈출 수도 있다.

방바닥에 앉아 있다가 일어나서 방 밖의 식탁 위에 있는 물 한 잔 마시러 가기까지 의도내기 훈련을 하면서 일상에서의 의도 알아차리기를 쉽게 하도록 해 본 내용이다.

모든 움직임 이전에 이 움직임을 스스로가 하겠다는 의도를 밝히고 몸을 움직인다.

일어서기 위해 다리를 움직이려 한다. 움직인다.

일어서기 좋게 오른발의 무릎을 세우려 한다. 그렇게 한다.

왼발을 엉덩이 밑으로 넣고자 한다. 그렇게 한다.

일어서기 위해 몸을 앞으로 기울이고자 한다. 그렇게 움직인다.

세운 오른 다리에 힘을 주려 한다. 힘을 준다.

엉덩이를 들어올리려 한다. 들어올린다.

엉덩이를 들어올리면서 왼발과 오른발을 동시에 세우려 한다. 그렇게 움직인다.

뒤로 가 있는 왼발을 앞으로 가져와 오른발과 가지런하게 하려 한다. 그렇게 움직인다.

방문 쪽으로 가기 위해 오른발 바닥을 들려고 뒤꿈치를 들려고 한다. 그렇게 한다.

오른발 발끝을 떼려고 한다. 그렇게 한다.

오른발을 옮기려 한다. 옮긴다.

오른발 발끝을 바닥에 닿게 하려 한다. 발끝을 땅에 댄다.

오른발 바닥을 땅에 붙이려 한다. 그렇게 한다.

이번에는 왼발을 옮기려고 오른발을 옮기려 했던 모든 의도를 붙이면서 왼발 오른발 내딛는 걸음을 일

일이 의도를 말하면서 걷는다.

　방문의 문고리를 보려고 한다. 문고리를 본다.

　문고리를 잡으려 한다. 잡는다.

　돌리려 한다. 돌린다. 열려고 힘을 주려 한다. 힘을
준다.

　열어젖히려 한다. 열어젖힌다.

　발을 옮기려고 오른발을 떼어 놓으려 한다. 이후부
터 왼발 오른발 움직일 때의 모든 의도를 붙여서 식탁
까지 간다.

　물병을 보려 한다. 본다. 물병을 잡으려 오른손을
들어올리려 한다. 들어올린다.

　물병 쪽으로 팔을 뻗으려 한다. 팔을 뻗는다.

　물병에 손을 닿게 하고자 한다. 물병에 손을 댄다.

　물병을 잡으려 한다. 물병을 잡는다.

　왼손으로는 컵을 잡으려고 왼손을 들어올린다. 들
어올린다.

　왼손을 컵에 대려고 한다. 컵에 손을 댄다.

생활명상

컵을 잡으려 한다. 컵을 잡는다.

컵을 옮겨 물병 쪽으로 가져가려 한다. 가져간다.

물병을 들어올리려 힘을 주려 한다. 물병을 들어올리려 힘을 준다.

물병을 들려 한다. 든다. 물병을 기울이려 한다. 기울인다.

물을 따르려 한다. 물을 따른다.

물병을 다시 바닥에 놓으려고 물병을 세우고자 한다. 물병을 세운다.

물병을 바닥에 놓으려 한다. 바닥에 놓는다.

물을 마시려고 입쪽으로 팔을 움직이려 한다. 팔을 움직인다.

입에 대려고 한다. 입에 댄다. 마시려 한다. 마신다.

넘기려 한다. 넘긴다.

이렇게 의도를 알아차리기 위해 의도적으로 몇 번

에 걸쳐서 연습을 해 보면 모든 일들이 의도 즉 마음의 요소에 의해 움직임을 알 수 있다. 이 의도를 잘 쓰면 마음이 마음을 부리며 사는 셈이 된다.

생활명상

내 영혼의 작은책_수행·명상

생활명상

초판 1쇄 인쇄 │ 2010년 11월 5일 · 초판 1쇄 발행 │ 2010년 11월 10일

글쓴이 │ 김남선 · 펴낸이 │ 윤재승 · 펴낸곳 │ 민족사

진행 │ 성재영 · 책임편집 │ 김창현
편집 디자인 │ 김형조 · 영업관리 │ 윤선미

등록 │ 1980년 5월 9일(등록 제1-149호)
주소 │ 서울시 종로구 수송동 58번지 두산위브파빌리온 1131호
전화 │ 02)732-2403~4 · 팩스 │ 02)739-7565
E-mail │ minjoksa@chol.com · 홈페이지 │ minjoksa.org

ISBN 978-89-7009-893-7 04220
ISBN 978-89-7009-890-6 (세트)

내 영혼의 작은책

내 영혼은 깊은 사색과 명상을 통해 작은 꽃을 피운다.